Avant-propos

Se trouvent réunis dans ce recueil
Guénon à propos des traditions atlantée

Nous avons opté pour une présentation chronologique de ces articles. Toutefois, pour les lecteurs peu familiers des notions abordées dans ceux-ci, il pourrait être préférable d'aborder les articles selon l'ordre suivant :

1. Quelques remarques sur la doctrine des cycles cosmiques
2. À propos du Poisson
3. Quelques aspects du symbolisme du poisson
4. Atlantide et Hyperborée
5. Place de la tradition atlantéenne dans le *Manvantara*
6. La Terre du Soleil
7. Le Sanglier et l'Ourse
8. Quelques remarques sur le nom d'Adam
9. Sheth
10. Sur la signification des fêtes « carnavalesques »

À propos du Poisson

Publié dans Regnabit*, février 1927.*

En lisant l'importante étude que M. Charbonneau-Lassay a consacrée dernièrement au symbolisme du poisson (décembre 1926), il nous est venu à la pensée diverses réflexions que nous ne croyons pas inutile de formuler ici, à titre de complément à la première partie de cette étude. Et, tout d'abord, pour ce qui est des origines préhistoriques de ce symbole, nous inclinons pour notre part à lui reconnaître une provenance nordique, voire même hyperboréenne ; M. Charbonneau signale sa présence en Allemagne du Nord et en Scandinavie, et nous pensons que, dans ces régions, il est vraisemblablement plus près de son point de départ que dans l'Asie centrale, où il fut sans doute apporté par le grand courant qui, issu directement de la Tradition primordiale, devait ensuite donner naissance aux doctrines de l'Inde et de la Perse. Il y a en effet, dans le *Vêda* et dans l'*Avesta*, divers textes qui affirment très explicitement l'origine hyperboréenne de la Tradition, et qui indiquent même les principales étapes de sa descente vers le Sud ; il semble que des souvenirs analogues, du côté occidental, aient été conservés dans les traditions celtiques, qu'il est malheureusement difficile de reconstituer sûrement avec les données fragmentaires qui sont seules parvenues jusqu'à nous. D'autre part, il est à noter que, d'une façon générale, certains animaux aquatiques jouent surtout un rôle dans le symbolisme des peuples du Nord : nous en citerons seulement comme exemple le poulpe, particulièrement répandu chez les Scandinaves et chez les

Celtes, et qui se retrouve aussi dans la Grèce archaïque, comme un des principaux motifs de l'ornementation mycénienne[1].

Un autre fait qui, pour nous, vient à l'appui de ces considérations, c'est que, dans l'Inde, la manifestation sous la forme du poisson (*Matsya-avatâra*) est regardée comme la première de toutes les manifestations de *Vishnu*[2], celle qui se place au début même du cycle actuel, et qu'elle est ainsi en relation immédiate avec le point de départ de la Tradition primordiale. Il ne faut pas oublier que *Vishnu* est un aspect du Verbe, envisagé spécialement comme conservateur du monde ; ce rôle est bien proche de celui de « Sauveur », ou plutôt ce dernier en est comme un cas particulier ; et c'est véritablement comme « Sauveur » que Vishnu apparaît dans certaines de ses manifestations, correspondant à des phases critiques de l'histoire de notre monde, de sorte qu'on peut voir là comme des « préfigurations » du Christ, sans compter que la dernière manifestation, le *Kalkin-avatâra*, « Celui qui est monté sur le cheval blanc », et qui doit venir à la fin de ce cycle, est décrite dans les *Purânas* en des termes rigoureusement identiques à ceux qui se trouvent dans l'*Apocalypse*. Ce n'est pas le lieu d'insister sur ce rapprochement assez extraordinaire dans sa précision ; mais, pour en revenir au poisson, nous ferons remarquer que l'idée du « Sauveur » est également attachée de façon explicite à son symbolisme chrétien, puisque la dernière lettre de l'*Ichthus* grec s'interprète comme l'initiale de *Sôter* ; cela n'a rien d'étonnant, sans doute, dès lors qu'il s'agit du Christ, mais il est pourtant des emblèmes qui font plus directement allusion à quelque autre de ses attributs, et qui n'expriment pas formellement son rôle de Sauveur.

---

[1] Il y a lieu de remarquer que les bras du poulpe sont généralement droits dans les figurations scandinaves, tandis qu'ils sont enroulés en spirale dans les ornements mycéniens ; dans ceux-ci, on voit aussi apparaître très fréquemment le *swastika* ou des figures qui en sont manifestement dérivées. Le symbole du poulpe se rapporte au signe zodiacal du Cancer, qui correspond au solstice d'été et au « fond des Eaux » ; il est facile de comprendre par-là qu'il ait pu être souvent (mais non pas toujours) pris en mauvaise part, le solstice d'été étant la *Janua Inferni*.

[2] Nous ne disons pas « incarnations », comme on le fait souvent, car ce mot est inexact par excès de précision ; le sens propre du terme *avatâra* est « descente » du Principe divin dans le monde manifesté.

René Guénon

Atlantide et Hyperborée

Recueil posthume
des articles de René Guénon
à propos des traditions
atlantéenne et hyperboréenne

TRADITION
MAD

Sous la figure du poisson, *Vishnu*, à la fin du *Manvantara* (ère d'un *Manu*) qui précède le nôtre, apparaît à *Satyavrata*[3], qui va devenir, sous le nom de *Vaivaswata*[4], le *Manu* ou le Législateur du cycle actuel. Il lui annonce que le monde va être détruit par les eaux, et il lui ordonne de construire l'Arche dans laquelle devront être renfermés les germes du monde futur ; puis, toujours sous cette même forme, il guide lui-même l'Arche sur les eaux pendant le cataclysme. Cette représentation de l'Arche conduite par le poisson divin est des plus remarquables : M. Charbonneau-Lassay cite dans son étude « l'ornement pontifical décoré de figures brodées qui enveloppait les restes d'un évêque lombard du VIIIe ou IXe siècle, et sur lequel on voit une barque portée par le poisson, image du Christ soutenant son Église » ; or on sait que l'Arche a souvent été regardée comme une figure de l'Église ; c'est donc bien la même idée que nous trouvons ainsi exprimée à la fois dans le symbolisme hindou et dans le symbolisme chrétien.

Il y a encore, dans le *Matsya-avatâra*, un autre aspect qui doit retenir notre attention : après le cataclysme, c'est-à-dire au début du présent *Manvantara*, il apporte aux hommes le *Vêda*, qu'il faut entendre comme la Connaissance sacrée dans son intégralité, suivant la signification étymologique de ce mot (dérivé de la racine *vid*, « savoir » : c'est donc la Science par excellence) ; c'est là une allusion des plus nettes à la Révélation primitive. Il est dit que le *Vêda* subsiste perpétuellement, étant en soi-même antérieur à tous les mondes ; mais il est en quelque sorte caché ou enveloppé pendant les cataclysmes cosmiques qui séparent les différents cycles, et il doit ensuite être manifesté de nouveau. L'affirmation de la perpétuité du *Vêda* est d'ailleurs en relation directe avec la théorie cosmologique de la primordialité du son parmi les qualités sensibles (comme qualité propre de l'Éther, *Âkâsha*, qui est le premier des éléments) ; et cette théorie elle-même n'est pas autre chose, au fond, que celle de la création par le Verbe : le son primordial, c'est cette Parole divine par laquelle, suivant le récit du premier chapitre de la *Genèse*, toutes choses ont été faites. C'est pourquoi il est dit que

---

[3] Ce nom signifie littéralement « voué à la Vérité ».

[4] Issu de *Vivaswat*, l'un des douze *Adityas*, qui sont regardés comme autant de formes du Soleil, en correspondance avec les douze signes du Zodiaque.

les Sages des premiers âges ont « entendu » le *Vêda* : la Révélation, étant faite par le Verbe comme la création elle-même[5], est proprement une « audition » pour celui qui la reçoit, et le terme qui la désigne est celui de *Shruti*, qui signifie littéralement « ce qui est entendu »[6].

Pendant le cataclysme qui sépare ce *Manvantara* du précédent, le *Vêda* était renfermé à l'état d'enveloppement dans la conque (*shankha*), qui est un des principaux attributs de *Vishnu*. C'est que la conque est regardée comme contenant le son primordial et impérissable (*akshara*), c'est-à-dire le monosyllabe *Om*, qui est par excellence le nom du Verbe, en même temps qu'il est, par ses trois éléments (A U M), l'essence du triple *Vêda*[7]. D'ailleurs, ces trois éléments (*mâtrâs*), disposés graphiquement d'une certaine façon, forment le schéma même de la conque ; et, par une concordance assez singulière, il se trouve que ce schéma est également celui de l'oreille humaine, l'organe de l'audition, qui doit effectivement, pour être apte à la perception du son, avoir une disposition conforme à la nature de celui-ci. Tout ceci touche à quelques-uns des plus profonds mystères de la cosmologie ; mais qui donc, dans l'état d'esprit qui constitue la mentalité moderne, peut encore comprendre les vérités qui relèvent de cette science traditionnelle ?

Comme *Vishnu* dans l'Inde, et aussi sous la forme du poisson, l'*Oannès* chaldéen, en qui certains n'ont pas hésité à reconnaître déjà

---

[5] Nous avons déjà indiqué ce rapport dans notre article sur *Le Verbe et le Symbole* (janvier 1926).

[6] *Shruti* s'oppose à *Smriti*, « ce dont on se souvient », qui désigne tout ce qui, dans la tradition, est le fruit, non plus de la révélation ou de l'inspiration directe, mais de la réflexion s'exerçant sur celle-ci et la prenant comme son principe, pour en tirer des applications adaptées aux circonstances contingentes de temps et de lieu. Les rapports de la *Shruti* et de la *Smriti* sont comparés à ceux du soleil et de la lune, c'est-à-dire de la lumière directe et de la lumière réfléchie.

[7] Nous avons déjà signalé la présence de ce même idéogramme *Aum* dans l'ancien symbolisme chrétien, à la fin de notre article sur *L'idée du Centre dans les traditions antiques*, mai 1926, p. 486 ; cf. aussi l'étude de M. Charbonneau-Lassay sur *Le Symbolisme de la Rose*, mars 1926, p. 303. — En sanscrit, la voyelle *o* est formée par la réunion de *a* et *u* ; c'est pourquoi le monosyllabe sacré doit se transcrire par *Om*, ce qui correspond d'ailleurs à sa prononciation réelle, bien que ce soit la forme *Aum* qui représente exactement sa décomposition en ses trois éléments constitutifs.

une figure du Christ[8], enseigne également aux hommes la doctrine primordiale : frappant exemple de l'unité qui existe entre les traditions en apparence les plus différentes, et qui demeurerait inexplicable si l'on n'admettait leur rattachement à une source commune. Il nous semble d'ailleurs que le symbolisme d'*Oannès* ou de *Dagon* n'est pas seulement celui du poisson en général, mais doit être rapproché plus spécialement de celui du dauphin ; celui-ci, chez les Grecs, était lié au culte d'*Apollon*[9] et avait donné son nom à *Delphes* ; et, ce qui est bien significatif, on disait que ce culte venait des Hyperboréens. Ce qui nous donne à penser qu'il convient d'envisager un tel rapprochement (que nous ne trouvons pas nettement indiqué, par contre, dans le cas de la manifestation de *Vishnu*), c'est surtout l'étroite connexion qui existe entre le symbole du dauphin et celui de la « Femme de mer » (l'*Aphrodite Anadyomène* des Grecs)[10] ; précisément, celle-ci se présente, sous des noms divers, comme la parèdre d'*Oannès* ou de ses équivalents, c'est-à-dire comme figurant un aspect complémentaire du même principe[11]. C'est la « Dame du Lotus » (*Istar*, comme *Esther* en hébreu, signifie « lotus », et aussi quelquefois « lis », deux fleurs qui, dans le symbolisme, se remplacent souvent l'une l'autre)[12], comme la *Kouan-Yn* extrême-orientale, qui est également, sous une de ses formes, la « Déesse du fond des mers » ; il y

---

[8] Voir à ce sujet les travaux du Hiéron de Paray-le-Monial. — Il est intéressant de noter que la tête de poisson, qui formait la coiffure des prêtres d'*Oannès*, est aussi, dans l'Église chrétienne, la mitre des évêques.

[9] C'est ce qui explique le rattachement du symbole du dauphin à l'idée de la lumière, signalé par M. Charbonneau-Lassay dans son dernier article (janvier 1927, p. 149).

[10] Il ne faut pas confondre cette « Femme de mer » avec la sirène, bien qu'elle soit quelquefois représentée sous une forme similaire.

[11] La *Dea Syra* est proprement la « Déesse solaire » ; le nom de *Syria*, qui n'a pas toujours désigné exclusivement le pays qui le porte encore aujourd'hui, est le même que *Sûrya*, nom sanscrit du Soleil ; et c'est dans le même sens qu'il faut entendre la tradition suivant laquelle Adam, dans le Paradis terrestre, parlait la langue « syriaque ».

[12] Le lis et le lotus, ayant respectivement six et huit pétales, correspondent aux deux formes de la roue à six et huit rayons, ainsi que nous l'avons déjà indiqué (*L'idée du Centre dans les traditions antiques*, mai 1926, p. 480). — En hébreu, les deux noms *Esther* et *Sushanah* ont la même signification, et, de plus, ils sont numériquement équivalents ; leur nombre commun est 661, et, en plaçant devant chacun d'eux la lettre *hé*, signe de l'article défini, dont la valeur est 5, on obtient 666, ce dont certains n'ont pas manqué de tirer des déductions quelque peu fantaisistes ; pour notre part, nous ne donnons cette indication qu'à titre de simple curiosité.

aurait beaucoup à dire sur tout cela, mais ce n'est pas là ce que, pour cette fois, nous nous sommes proposé[13]. Ce que nous avons voulu montrer, c'est que le symbole du poisson était tout particulièrement prédestiné à figurer le Christ, comme représentant deux fonctions qui lui appartiennent essentiellement (et cela sans préjudice de son rapport avec l'idée de la fécondité et du « principe de vie », qui fournit encore une raison supplémentaire de cette figuration), puisque, sous ce symbole, le Verbe apparaît à la fois, dans les traditions antiques, comme Révélateur et comme Sauveur.

P.-S. – Certains s'étonneront peut-être, soit à propos des considérations que nous venons d'exposer, soit à propos de celles que nous avons déjà données dans d'autres articles ou que nous donnerons

---

[13] Nous ferons cependant remarquer encore que la figure de l'*Ea* babylonien, moitié chèvre et moitié poisson, telle que l'a reproduite M. Charbonneau-Lassay [Voici l'illustration en question :

], est identique à celle du Capricorne zodiacal, dont elle a peut-être même été le prototype ; or il est important de se rappeler, à cet égard, que ce signe du Capricorne correspond, dans le cycle annuel, au solstice d'hiver et à la *Janua Cœli*. Le *Makara*, qui, dans le Zodiaque hindou, tient la place du Capricorne, n'est pas sans présenter une certaine similitude avec le dauphin ; l'opposition symbolique qui existe parfois entre celui-ci et le poulpe doit donc se ramener à celle des deux signes solsticiaux du Capricorne et du Cancer (ce dernier, dans l'Inde, est représenté par le crabe, ce qui explique aussi que ces deux mêmes animaux se soient trouvés associés dans certains cas, par exemple sous le trépied de Delphes et sous les pieds des coursiers du char solaire, comme indiquant les deux points extrêmes atteints par le soleil dans sa marche annuelle (voir janvier 1927, pp. 149-150) ; enfin, le rôle du dauphin comme conducteur des âmes bienheureuses (*ibid.*, p. 147) se rapporte évidemment à la *Janua Cœli*. Il importe de ne pas commettre ici de confusion avec un autre signe zodiacal, celui des Poissons, dont le symbolisme est différent et doit être rapporté exclusivement à celui du poisson commun, envisagé notamment comme emblème de fécondité (et surtout au sens spirituel). – On pourra remarquer, en outre, qu'*Ea* tient devant lui, comme le scarabée égyptien, une boule qui représente l'« Œuf du Monde ».

encore par la suite, de la place prépondérante (quoique nullement exclusive, bien entendu) que nous faisons, parmi les différentes traditions antiques, à celle de l'Inde ; et cet étonnement, en somme, serait assez compréhensible, étant donnée l'ignorance complète où l'on est généralement, dans le monde occidental, de la véritable signification des doctrines dont il s'agit. Nous pourrions nous borner à faire remarquer que, ayant eu l'occasion d'étudier plus particulièrement les doctrines hindoues, nous pouvons légitimement les prendre comme terme de comparaison ; mais nous croyons préférable de déclarer nettement qu'il y a à cela d'autres raisons plus profondes et d'une portée tout à fait générale. À ceux qui seraient tentés d'en douter, nous conseillerons vivement de lire le très intéressant livre du R. P. William Wallace, S. J., intitulé *De l'Évangélisme au Catholicisme par la route des Indes*[14], qui constitue à cet égard un témoignage de grande valeur. C'est une autobiographie de l'auteur, qui, étant allé dans l'Inde comme missionnaire anglican, fut converti au Catholicisme par l'étude directe qu'il fit des doctrines hindoues ; et, dans les aperçus qu'il en donne, il fait preuve d'une compréhension de ces doctrines qui, sans être absolument complète sur tous les points, va incomparablement plus loin que tout ce que nous avons trouvé dans d'autres ouvrages occidentaux, y compris ceux des « spécialistes ». Or le R. P. Wallace déclare formellement, entre autres choses, que « le *Sanâtana Dharma* des sages hindous (ce qu'on pourrait rendre assez exactement par *Lex perennis* : c'est le fond immuable de la doctrine) procède exactement du même principe que la religion chrétienne », que « l'un et l'autre visent le même but et offrent les mêmes moyens essentiels de l'atteindre » (p. 218 de la traduction française), que « Jésus-Christ apparaît aussi évidemment le Consommateur du *Sanâtana Dharma* des Hindous, ce sacrifice aux pieds du Suprême, que le Consommateur de la religion typique et prophétique des Juifs et de la Loi de Moïse » (p. 217), et que la doctrine hindoue est « le naturel pédagogue menant au Christ » (p. 142). Cela ne justifie-t-il pas amplement l'importance que nous attribuons ici à cette tradition, dont l'harmonie profonde avec le Christianisme ne saurait échapper à quiconque l'étudie, comme l'a fait le R. P. Wallace, sans idées

---

[14] Traduction française du R. P. Humblet, S. J. ; librairie Albert Dewit, Bruxelles, 1921.

préconçues ? Nous nous estimerons heureux si nous parvenons à faire sentir quelque peu cette harmonie sur les points que nous avons l'occasion de traiter, et à faire comprendre en même temps que la raison doit en être cherchée dans le lien très direct qui unit la doctrine hindoue à la grande Tradition primordiale.

Atlantide et Hyperborée

Publié dans le Voile d'Isis, *octobre 1929.*

Dans *Atlantis* (juin 1929), M. Paul Le Cour relève la note de notre article de mai dernier (p. 348)[*], dans laquelle nous affirmions la distinction de l'Hyperborée et de l'Atlantide, contre ceux qui veulent les confondre et qui parlent d'« Atlantide hyperboréenne ». À vrai dire, bien que cette expression semble en effet appartenir en propre à M. Le Cour, nous ne pensions pas uniquement à lui en écrivant cette note, car il n'est pas seul à commettre la confusion dont il s'agit ; on la trouve également chez M. Herman Wirth, auteur d'un important ouvrage sur les origines de l'humanité (*Der Aufgang der Menschheit*) paru récemment en Allemagne, et qui emploie constamment le terme « nord-atlantique » pour désigner la région qui fut le point de départ de la tradition primordiale. Par contre, M. Le Cour est bien le seul, à notre connaissance tout au moins, qui nous ait prêté à nous-même l'affirmation de l'existence d'une « Atlantide hyperboréenne » ; si nous ne l'avions point nommé à ce propos, c'est que les questions de personnes comptent fort peu pour nous, et que la seule chose qui nous importait était de mettre nos lecteurs en garde contre une fausse interprétation, d'où qu'elle pût venir. Nous nous demandons comment M. Le Cour nous a lu ; nous nous le demandons même plus que jamais, car voilà maintenant qu'il nous fait dire que le pôle nord, à l'époque des origines, « n'était point celui d'aujourd'hui, mais une région voisine, semble-t-il, de l'Islande et du Groenland » ; où a-t-il bien pu trouver cela ? Nous sommes absolument certain de n'avoir jamais écrit un seul mot là-dessus, de n'avoir jamais fait la moindre allusion à cette question, d'ailleurs secondaire à notre point de vue, d'un déplacement possible du pôle depuis le début de

---

[*] [*Les Pierres de foudre* (*Le Voile d'Isis*, mai 1929).]

notre *Manvantara*[1] ; à plus forte raison n'avons-nous jamais précisé sa situation originelle, qui d'ailleurs serait peut-être, pour bien des motifs divers, assez difficile à définir par rapport aux terres actuelles.

M. Le Cour dit encore que, « malgré notre hindouisme, nous convenons que l'origine des traditions est occidentale » ; nous n'en convenons nullement, bien au contraire, car nous disons qu'elle est polaire, et le pôle, que nous sachions, n'est pas plus occidental qu'oriental ; nous persistons à penser que, comme nous le disions dans la note visée, le Nord et l'Ouest sont deux points cardinaux différents. C'est seulement à une époque déjà éloignée de l'origine que le siège de la tradition primordiale, transféré en d'autres régions, a pu devenir, soit occidental, soit oriental, occidental pour certaines périodes et oriental pour d'autres, et, en tout cas, sûrement oriental en dernier lieu et déjà bien avant le commencement des temps dits « historiques » (parce qu'ils sont les seuls accessibles aux investigations de l'histoire « profane »). D'ailleurs, qu'on le remarque bien, ce n'est nullement « malgré notre hindouisme » (M. Le Cour, en employant ce mot, ne croit probablement pas dire si juste), mais au contraire à cause de celui-ci, que nous considérons l'origine des traditions comme nordique, et même plus exactement comme polaire, puisque cela est expressément affirmé dans le *Vêda*, aussi bien que dans d'autres livres sacrés[2]. La terre où le soleil faisait le tour de l'horizon sans se coucher devait être en effet située bien près du pôle, sinon au pôle même ; il est dit aussi que, plus tard, les représentants de la tradition se transportèrent en une région où le jour le plus long était double du jour le plus court, mais ceci se rapporte déjà à une phase ultérieure, qui, géographiquement, n'a évidemment plus rien à voir avec l'Hyperborée.

---

[1] Cette question paraît être liée à celle de l'inclinaison de l'axe terrestre, inclinaison qui, d'après certaines données traditionnelles, n'aurait pas existé dès l'origine, mais serait une conséquence de ce qui est désigné en langage occidental comme la « chute de l'homme ».

[2] Ceux qui voudraient avoir des références précises à cet égard pourraient les trouver dans le remarquable ouvrage de B. G. Tilak, *The Arctic Home in the Veda*, qui semble malheureusement être resté complètement inconnu en Europe, sans doute parce que son auteur était un Hindou non occidentalisé.

Il se peut que M. Le Cour ait raison de distinguer une Atlantide méridionale et une Atlantide septentrionale, quoiqu'elles n'aient pas dû être primitivement séparées ; mais il n'en est pas moins vrai que l'Atlantide septentrionale elle-même n'avait rien d'hyperboréen. Ce qui complique beaucoup la question, nous le reconnaissons très volontiers, c'est que les mêmes désignations ont été appliquées, dans la suite des temps, à des régions fort diverses, et non seulement aux localisations successives du centre traditionnel primordial, mais encore à des centres secondaires qui en procédaient plus ou moins directement. Nous avons signalé cette difficulté dans notre étude sur *Le Roi du Monde*, où, précisément à la page même à laquelle se réfère M. Le Cour (p. 115), nous écrivions ceci : « Il faut distinguer la *Tula* atlante (le lieu d'origine des Toltèques, qui était probablement situé dans l'Atlantide septentrionale) de la *Tula* hyperboréenne ; et c'est cette dernière qui, en réalité, représente le centre premier et suprême pour l'ensemble du *Manvantara* actuel ; c'est elle qui fut l'''île sacrée'' par excellence, et sa situation était littéralement polaire à l'origine. Toutes les autres ''îles sacrées'', qui sont désignées partout par des noms de signification identique, ne furent que des images de celle-là ; et ceci s'applique même au centre spirituel de la tradition atlante, qui ne régit qu'un cycle historique secondaire, subordonné au *Manvantara* »[3]. Et nous ajoutions en note : « Une grande difficulté, pour déterminer le point de jonction de la tradition atlante avec la tradition hyperboréenne, provient de certaines substitutions de noms qui peuvent donner lieu à de multiples confusions ; mais la question, malgré tout, n'est peut-être pas entièrement insoluble. »

En parlant de ce « point de jonction », nous pensions surtout au Druidisme ; et voici justement que, à propos du Druidisme, nous

---

[3] À propos de la *Tula* atlante, nous croyons intéressant de reproduire ici une information que nous avons relevée dans une chronique géographique du *Journal des Débats* (22 janvier 1929), sur *Les Indiens de l'isthme de Panama*, et dont l'importance a certainement échappé à l'auteur même de cet article : « En 1925, une grande partie des Indiens Cuna se soulevèrent, tuèrent les gendarmes de Panama qui habitaient sur leur territoire et fondèrent la République indépendante de *Tulé*, dont le drapeau est un *swastika* sur fond orange à bordure rouge. Cette république existe encore à l'heure actuelle. » Cela semble indiquer qu'il subsiste encore, en ce qui concerne les traditions de l'Amérique ancienne, beaucoup plus de choses qu'on ne serait tenté de le croire.

trouvons encore dans *Atlantis* (juillet-août 1929) une autre note qui prouve combien il est parfois difficile de se faire comprendre. Au sujet de notre article de juin sur la « triple enceinte »*, M. Le Cour écrit ceci : « C'est restreindre la portée de cet emblème que d'en faire uniquement un symbole druidique ; il est vraisemblable qu'il lui est antérieur et qu'il rayonne au-delà du monde druidique. » Or, nous sommes si loin d'en faire uniquement un symbole druidique que, dans cet article, après avoir noté, suivant M. Le Cour lui-même, des exemples relevés en Italie et en Grèce, nous avons dit (p. 397) : « Le fait que cette même figure se retrouve ailleurs que chez les Celtes indiquerait qu'il y avait, dans d'autres formes traditionnelles, des hiérarchies initiatiques constituées sur le même modèle (que la hiérarchie druidique), ce qui est parfaitement normal. » Quant à la question d'antériorité, il faudrait tout d'abord savoir à quelle époque précise remonte le Druidisme, et il est probable qu'il remonte beaucoup plus haut qu'on ne le croit d'ordinaire, d'autant plus que les Druides étaient les possesseurs d'une tradition dont une part notable était incontestablement de provenance hyperboréenne.

Nous profiterons de cette occasion pour faire une autre remarque qui a son importance : nous disons « Hyperborée » pour nous conformer à l'usage qui a prévalu depuis les Grecs ; mais l'emploi de ce mot montre que ceux-ci, à l'époque « classique » tout au moins, avaient déjà perdu le sens de la désignation primitive. En effet, il suffirait en réalité de dire « Borée », mot strictement équivalent au sanscrit *Varâha*, ou plutôt, quand il s'agit d'une terre, à son dérivé féminin *Vârâhî* : c'est la « terre du sanglier », qui devint aussi la « terre de l'ours » à une certaine époque, pendant la période de prédominance des *Kshatriyas* à laquelle mit fin *Parashu-Râma*[4].

---

* [*La triple enceinte druidique* (*Le Voile d'Isis*, juin 1929).]

[4] Ce nom de *Vârâhî* s'applique à la « terre sacrée », assimilée symboliquement à un certain aspect de la *Shakti* de *Vishnu*, celui-ci étant alors envisagé plus spécialement dans son troisième *avatâra* ; il y aurait beaucoup à dire sur ce sujet, et peut-être y reviendrons-nous quelque jour. Ce même nom n'a jamais pu désigner l'Europe comme Saint-Yves d'Alveydre paraît l'avoir cru ; d'autre part, on aurait peut-être vu un peu plus clair sur ces questions, en Occident, si Fabre d'Olivet et ceux qui l'ont suivi n'avaient mêlé

Il nous reste encore, pour terminer cette mise au point nécessaire, à dire quelques mots sur trois ou quatre questions que M. Le Cour aborde incidemment dans ses deux notes ; et, tout d'abord, il y a une allusion au *swastika*, dont il dit que « nous faisons le signe du pôle ». Sans y mettre la moindre animosité, nous prierons ici M. Le Cour de ne point assimiler notre cas au sien, car enfin il faut bien dire les choses comme elles sont : nous le considérons comme un « chercheur » (et cela n'est nullement pour diminuer son mérite), qui propose des explications selon ses vues personnelles, quelque peu aventureuses parfois, et c'est bien son droit, puisqu'il n'est rattaché à aucune tradition actuellement vivante et n'est en possession d'aucune donnée reçue par transmission directe ; nous pourrions dire, en d'autres termes, qu'il fait de l'archéologie, tandis que, quant à nous, nous faisons de la science initiatique, et il y a là deux points de vue qui, même quand ils touchent aux mêmes sujets, ne sauraient coïncider en aucune façon. Nous ne « faisons » point du *swastika* le signe du pôle : nous disons qu'il est cela et qu'il l'a toujours été, que telle est sa véritable signification traditionnelle, ce qui est tout différent ; c'est là un fait auquel ni M. Le Cour ni nous-même ne pouvons rien. M. Le Cour, qui ne peut évidemment faire que des interprétations plus ou moins hypothétiques, prétend que le *swastika* « n'est qu'un symbole se rapportant à un idéal sans élévation »[5] ; c'est là sa façon de voir, mais ce n'est rien de plus, et nous sommes d'autant moins disposé à la discuter qu'elle ne représente après tout qu'une simple appréciation sentimentale ; « élevé » ou non, un « idéal » est pour nous quelque chose d'assez creux, et, à la vérité, il s'agit de choses beaucoup plus « positives », dirions-nous volontiers si l'on n'avait tant abusé de ce mot.

M. Le Cour, d'autre part, ne paraît pas satisfait de la note que nous avons consacrée (no de juin, p. 430) à l'article d'un de ses collaborateurs

---

inextricablement l'histoire de *Parashu-Râma* et celle de *Râma-Chandra*, c'est-à-dire les sixième et septième *avatâras*, qui sont pourtant bien distincts à tous égards.

[5] Nous voulons supposer que, en écrivant ces mots, M. Le Cour a eu plutôt en vue des interprétations modernes et non traditionnelles du *swastika*, comme celles qu'ont pu concevoir par exemple les « racistes » allemands, qui ont en effet prétendu s'emparer de cet emblème, en l'affublant d'ailleurs de l'appellation baroque et insignifiante de *hakenkreuz* ou « croix à crochets ».

qui voulait à toute force voir une opposition entre l'Orient et l'Occident, et qui faisait preuve, vis-à-vis de l'Orient, d'un exclusivisme tout à fait déplorable[6]. Il écrit là-dessus des choses étonnantes : « M. René Guénon, qui est un logicien pur, ne saurait rechercher, aussi bien en Orient qu'en Occident, que le côté purement intellectuel des choses, comme le prouvent ses écrits ; il le montre encore en déclarant qu'*Agni* se suffit à lui-même (voir *Regnabit*, avril 1926) et en ignorant la dualité *Aor-Agni*, sur laquelle nous reviendrons souvent, car elle est la pierre angulaire de l'édifice du monde manifesté. » Quelle que soit d'ordinaire notre indifférence à l'égard de ce qu'on écrit sur nous, nous ne pouvons tout de même pas laisser dire que nous sommes un « logicien pur », alors que nous ne considérons au contraire la logique et la dialectique que comme de simples instruments d'exposition, parfois utiles à ce titre, mais d'un caractère tout extérieur, et sans aucun intérêt en eux-mêmes ; nous ne nous attachons, répétons-le encore une fois, qu'au seul point de vue initiatique, et tout le reste, c'est-à-dire tout ce qui n'est que connaissance « profane », est entièrement dépourvu de valeur à nos yeux. S'il est vrai que nous parlons souvent d'« intellectualité pure », c'est que cette expression a un tout autre sens pour nous que pour M. Le Cour, qui paraît confondre « intelligence » avec « raison », et qui envisage d'autre part une « intuition esthétique », alors qu'il n'y a pas d'autre intuition véritable que l'« intuition intellectuelle », d'ordre supra-rationnel ; il y a d'ailleurs là quelque chose d'autrement formidable que ne peut le penser quelqu'un qui, manifestement n'a pas le moindre soupçon de ce que peut être la « réalisation métaphysique », et qui se figure probablement que nous ne sommes qu'une sorte de théoricien, ce qui prouve une fois de plus qu'il a bien mal lu nos écrits, qui paraissent pourtant le préoccuper étrangement.

Quant à l'histoire d'*Aor-Agni*, que nous n'« ignorons » pas du tout, il serait bon d'en finir une fois pour toutes avec ces rêveries, dont M. Le Cour n'a d'ailleurs pas la responsabilité : si « *Agni* se suffit à lui-même »,

---

[6] M. Le Cour nous reproche d'avoir dit à ce propos que son collaborateur « n'a sûrement pas le don des langues », et il trouve que « c'est là une affirmation malheureuse » ; il confond tout simplement, hélas ! le « don des langues » avec les connaissances linguistiques ; ce dont il s'agit n'a absolument rien à voir à l'érudition.

c'est pour la bonne raison que ce terme, en sanscrit, désigne le feu sous tous ses aspects, sans aucune exception, et ceux qui prétendent le contraire prouvent simplement par là leur totale ignorance de la tradition hindoue. Nous ne disions pas autre chose dans la note de notre article de *Regnabit*, que nous croyons nécessaire de reproduire ici textuellement : « Sachant que, parmi les lecteurs de *Regnabit*, il en est qui sont au courant des théories d'une école dont les travaux, quoique très intéressants et très estimables à bien des égards, appellent pourtant certaines réserves, nous devons dire ici que nous ne pouvons accepter l'emploi des termes *Aor* et *Agni* pour désigner les deux aspects complémentaires du feu (lumière et chaleur). En effet, le premier de ces deux mots est hébreu, tandis que le second est sanscrit, et l'on ne peut associer ainsi des termes empruntés à des traditions différentes, quelles que soient les concordances réelles qui existent entre celles-ci, et même l'identité foncière qui se cache sous la diversité de leurs formes ; il ne faut pas confondre le "syncrétisme" avec la véritable synthèse. En outre, si *Aor* est bien exclusivement la lumière, *Agni* est le principe igné envisagé intégralement (l'*ignis* latin étant d'ailleurs exactement le même mot), donc à la fois comme lumière et comme chaleur ; la restriction de ce terme à la désignation du second aspect est tout à fait arbitraire et injustifiée. » Il est à peine besoin de dire que, en écrivant cette note, nous n'avons pas pensé le moins du monde à M. Le Cour ; nous pensions uniquement au Hiéron de Paray-le-Monial, auquel appartient en propre l'invention de cette bizarre association verbale. Nous estimons n'avoir à tenir aucun compte d'une fantaisie issue de l'imagination un peu trop fertile de M. de Sarachaga, donc entièrement dénuée d'autorité et n'ayant pas la moindre valeur au point de vue traditionnel, auquel nous entendons nous en tenir rigoureusement[7].

Enfin, M. Le Cour profite de la circonstance pour affirmer de nouveau la théorie antimétaphysique et anti-initiatique de l'« individualisme » occidental, ce qui, somme toute, est son affaire et n'engage que lui ; et il ajoute, avec une sorte de fierté qui montre bien

---

[7] C'est le même M. de Sarachaga qui écrivait *zwadisca* pour *swastika* ; un de ses disciples, à qui nous en faisions la remarque un jour, nous assura qu'il devait avoir ses raisons pour l'écrire ainsi ; c'est là une justification un peu trop facile !

qu'il est en effet fort peu dégagé des contingences individuelles : « Nous maintenons notre point de vue parce que nous sommes les ancêtres dans le domaine des connaissances. » Cette prétention est vraiment un peu extraordinaire ; M. Le Cour se croit-il donc si vieux ? Non seulement les Occidentaux modernes ne sont les ancêtres de personne, mais ils ne sont même pas des descendants légitimes, car ils ont perdu la clef de leur propre tradition ; ce n'est pas « en Orient qu'il y a eu déviation », quoi qu'en puissent dire ceux qui ignorent tout des doctrines orientales. Les « ancêtres », pour reprendre le mot de M. Le Cour, ce sont les détenteurs effectifs de la tradition primordiale ; il ne saurait y en avoir d'autres, et, à l'époque actuelle, ceux-là ne se trouvent certes pas en Occident.

Place de la tradition atlantéenne dans le Manvantara

Publié dans le Voile d'Isis, *août-septembre 1931.*

Nous avons précédemment, sous le titre *Atlantide et Hyperborée*, signalé la confusion qui est faite trop fréquemment entre la Tradition primordiale, originellement « polaire » au sens littéral du mot, et dont le point de départ est celui même du présent *Manvantara*, et la tradition dérivée et secondaire que fut la tradition atlantéenne, se rapportant à une période beaucoup plus restreinte. Nous avons dit alors, et ailleurs aussi à diverses reprises[1], que cette confusion pouvait s'expliquer, dans une certaine mesure, par le fait que les centres spirituels subordonnés étaient constitués à l'image du Centre suprême, et que les mêmes dénominations leur avaient été appliquées. C'est ainsi que la *Tula* atlante, dont le nom s'est conservé dans l'Amérique centrale où il fut apporté par les Toltèques, dut être le siège d'un pouvoir spirituel qui était comme une émanation de celui de la Tula hyperboréenne ; et, comme ce nom de Tula désigne la Balance, sa double application est en rapport étroit avec le transfert de cette même désignation de la constellation polaire de la Grande Ourse au signe zodiacal qui, actuellement encore, porte ce nom de la Balance. C'est aussi à la tradition atlantéenne qu'il faut rapporter le transfert du *sapta-riksha* (la demeure symbolique des sept *Rishis*), à une certaine époque, de la même Grande Ourse aux Pléiades, constellation également formée de sept étoiles, mais de situation zodiacale ; ce qui ne laisse aucun doute à cet égard, c'est que les Pléiades étaient dites filles d'Atlas et, comme telles, appelées aussi Atlantides.

---

[1] Voir notamment *Le Roi du Monde*.

Tout ceci est en accord avec la situation géographique des centres traditionnels, liée elle-même à leurs caractères propres, aussi bien qu'à leur place respective dans la période cyclique, car tout se tient ici beaucoup plus étroitement que ne pourraient le supposer ceux qui ignorent les lois de certaines correspondances. L'Hyperborée correspond évidemment au Nord, et l'Atlantide à l'Occident ; et il est remarquable que les désignations mêmes de ces deux régions, pourtant nettement distinctes, puissent également prêter à confusion, des noms de même racine ayant été appliqués à l'une et à l'autre. En effet, on trouve cette racine sous des formes diverses telles que *hiber*, *iber* ou *eber*, et aussi *ereb* par transposition des lettres, désignant à la fois la région de l'hiver, c'est-à-dire le Nord, et la région du soir ou du soleil couchant, c'est-à-dire l'Occident, et les peuples qui habitent l'une et l'autre ; ce fait est manifestement du même ordre encore que ceux que nous venons de rappeler.

La position même du centre atlantéen sur l'axe Orient-Occident indique sa subordination par rapport au centre hyperboréen, situé sur l'axe polaire Nord-Sud. En effet, bien que l'ensemble de ces deux axes forme, dans le système complet des six directions de l'espace, ce qu'on peut appeler une croix horizontale, l'axe Nord-Sud n'en doit pas moins être regardé comme relativement vertical par rapport à l'axe Orient-Occident, ainsi que nous l'avons expliqué ailleurs[2]. On peut encore, conformément au symbolisme du cycle annuel, donner au premier de ces deux axes le nom d'axe solsticial, et au second celui d'axe équinoxial ; et ceci permet de comprendre que le point de départ donné à l'année ne soit pas le même dans toutes les formes traditionnelles. Le point de départ que l'on peut appeler normal, comme étant directement en conformité avec la Tradition primordiale, est le solstice d'hiver ; le fait de commencer l'année à l'un des équinoxes indique le rattachement à une tradition secondaire, telle que la tradition atlantéenne.

Cette dernière, d'autre part, se situant dans une région qui correspond au soir dans le cycle diurne, doit être regardée comme appartenant à une des dernières divisions du cycle de l'humanité

---

[2] Voir notre étude sur *Le symbolisme de la Croix*.

terrestre actuelle, donc comme relativement récente ; et, en fait, sans chercher à donner des précisions qui seraient difficilement justifiables, on peut dire qu'elle appartient certainement à la seconde moitié du présent *Manvantara*[3]. En outre, comme l'automne dans l'année correspond au soir dans le jour, on peut voir une allusion directe au monde atlantéen dans ce qu'indique la tradition hébraïque (dont le nom est d'ailleurs de ceux qui marquent l'origine occidentale), que le monde fut créé à l'équinoxe d'automne (le premier jour du mois de *Thishri*, suivant une certaine transposition des lettres du mot *Bereshith*) ; et peut-être est-ce là aussi la raison la plus immédiate (il y en a d'autres d'un ordre plus profond) de l'énonciation du « soir » (*ereb*) avant le « matin » (*boqer*) dans le récit des « jours » de la Génèse[4]. Ceci pourrait trouver une confirmation dans le fait que la signification littérale du nom d'Adam est « rouge », la tradition atlantéenne ayant été précisément celle de la race rouge ; et il semble aussi que le déluge biblique corresponde directement au cataclysme où disparut l'Atlantide, et que, par conséquent, il ne doive pas être identifié au déluge de *Satyavrata* qui, suivant la tradition hindoue, issue directement de la Tradition primordiale, précéda immédiatement le début de notre *Manvantara*[5]. Bien entendu, ce sens qu'on peut appeler historique n'exclut nullement les autres sens ; il ne faut d'ailleurs jamais perdre de vue que, suivant l'analogie qui existe entre un cycle principal et les cycles secondaires en lesquels il se subdivise, toutes les considérations de cet ordre sont toujours susceptibles d'applications à des degrés divers ; mais ce que nous voulons dire, c'est qu'il semble bien que le cycle atlantéen ait été pris comme base dans la tradition hébraïque, que la transmission se soit

---

[3] Nous pensons que la durée de la civilisation atlantéenne dut être égale à une « grande année » entendue au sens de la demi-période de précession des équinoxes ; quant au cataclysme qui y mit fin, certaines données concordantes semblent indiquer qu'il eut lieu sept mille deux cents ans avant l'année 720 du *Kali-Yuga*, année qui est elle-même le point de départ d'une ère connue, mais dont ceux qui l'emploient encore actuellement ne semblent plus savoir l'origine ni la signification.

[4] Chez les Arabes également, l'usage est de compter les heures du jour à partir du *maghreb*, c'est-à-dire du coucher du soleil.

[5] Par contre, les déluges de *Deucalion* et d'*Ogygès*, chez les Grecs, semblent se rapporter à des périodes encore plus restreintes et à des cataclysmes partiels postérieurs à celui de l'Atlantide.

faite d'ailleurs par l'intermédiaire des Égyptiens, ce qui tout au moins n'a rien d'invraisemblable, ou par tout autre moyen.

Si nous faisons cette dernière réserve, c'est qu'il semble particulièrement difficile de déterminer comment se fit la jonction du courant venu de l'Occident, après la disparition de l'Atlantide, avec un autre courant descendu du Nord et procédant directement de la Tradition primordiale, jonction dont devait résulter la constitution des différentes formes traditionnelles propres à la dernière partie du *Manvantara*. Il ne s'agit pas là, en tout cas, d'une réabsorption pure et simple, dans la Tradition primordiale, de ce qui était sorti d'elle à une époque antérieure ; il s'agit d'une sorte de fusion entre des formes préalablement différenciées, pour donner naissance à d'autres formes adaptées à de nouvelles circonstances de temps et de lieux ; et le fait que les deux courants apparaissent alors en quelque sorte comme autonomes peut encore contribuer à entretenir l'illusion d'une indépendance de la tradition atlantéenne. Sans doute faudrait-il, si l'on voulait rechercher les conditions dans lesquelles s'opéra cette jonction, donner une importance particulière à la Celtide et à la Chaldée, dont le nom, qui est le même, désignait en réalité non pas un peuple particulier, mais bien une caste sacerdotale ; mais qui sait aujourd'hui ce que furent les traditions celtique et chaldéenne, aussi bien d'ailleurs que celle des anciens Égyptiens ? On ne saurait être trop prudent quand il s'agit de civilisations entièrement disparues, et ce ne sont certes pas les tentatives de reconstitution auxquelles se livrent les archéologues profanes qui sont susceptibles d'éclaircir la question ; mais il n'en est pas moins vrai que beaucoup de vestiges d'un passé oublié sortent de terre à notre époque, et ce ne peut être sans raison. Sans risquer la moindre prédiction sur ce qui pourra résulter de ces découvertes, dont ceux qui les font sont généralement incapables de soupçonner la portée possible, il faut certainement voir là un « signe des temps » : tout ne doit-il pas se retrouver à la fin du *Manvantara*, pour servir de point de départ à l'élaboration du cycle futur ?

Sheth

Publié dans le Voile d'Isis, *octobre 1931.*

Kâna el-insânu hayyatan fil-qidam.
(« L'homme fut serpent autrefois. »)

Dans la chronique que notre confrère Argos a consacré récemment (no de juillet) à un curieux livre anglais sur les « derniers temps »[*], il est un point qui a particulièrement retenu notre attention et sur lequel nous voudrions apporter quelques éclaircissements complémentaires : c'est l'interprétation des noms de Nimrod et de Sheth. À vrai dire, l'assimilation établie entre l'un et l'autre par E. H. Moggridge appelle bien des réserves, mais il y a tout au moins un certain rapport réel, et les rapprochements tirés du symbolisme animal nous semblent bien fondés.

Précisons tout d'abord que *namar* en hébreu, comme *nimr* en arabe, est proprement l'« animal tacheté », nom commun au tigre, à la panthère et au léopard ; et l'on peut dire, même en s'en tenant au sens le plus extérieur, que ces animaux représentent bien en effet le « chasseur » que fut Nimrod d'après la Bible. Mais, en outre, le tigre, envisagé en un sens qui d'ailleurs n'est pas forcément défavorable, est, comme l'ours dans la tradition nordique, un symbole du Kshatriya ; et la fondation de Ninive et de l'empire assyrien par Nimrod semble être effectivement le fait d'une révolte des Kshatriyas contre l'autorité de la caste sacerdotale chaldéenne. De là le rapport légendaire établi entre Nimrod et les *Nephilim* ou autres « géants » antédiluviens, qui figurent

---

[*] [E. H. Moggridge : *The Antichrist (Personal. Future)*.]

aussi les Kshatriyas dans des périodes antérieures ; et de là également l'épithète de « nemrodien » appliquée au pouvoir temporel qui s'affirme indépendant de l'autorité spirituelle.

Maintenant, quel est le rapport de tout ceci avec Sheth ? Le tigre et les autres animaux similaires sont, en tant que « destructeurs », des emblèmes du *Set* égyptien, frère et meurtrier d'Osiris, auquel les Grecs donnèrent le nom de Typhon ; et l'on peut dire que l'esprit « nemrodien » procède du principe ténébreux désigné par ce nom de *Set*, sans pour cela prétendre que celui-ci ne fait qu'un avec Nemrod lui-même ; il y a là une distinction qui est plus qu'une simple nuance. Mais le point qui semble donner lieu à la plus grande difficulté est cette signification maléfique du nom de *Set* ou *Sheth*, qui d'autre part, en tant qu'il désigne le fils d'Adam, loin de signifier la destruction, évoque au contraire l'idée de stabilité et de restauration de l'ordre. Du reste, si l'on veut établir des rapprochements bibliques, le rôle de Set vis-à-vis d'Osiris rappellera celui de Caïn vis-à-vis d'Abel ; et nous noterons, à ce propos, que certains font de Nimrod un des « Caïnites » qui auraient échappé au cataclysme diluvien. Mais le Sheth de la Genèse est opposé à Caïn, loin de pouvoir lui être assimilé ; comment donc son nom se retrouve-t-il ici ?

En fait, le mot *Sheth*, en hébreu même, a bien réellement les deux sens contraires, celui de « fondement » et celui de « tumulte » et de « ruine »[1] ; et l'expression *beni-Sheth* (fils de Sheth) se trouve aussi avec cette double signification. Il est vrai que les linguistes veulent voir là deux mots distincts, provenant de deux racines verbales différentes, *shith* pour le premier et *shath* pour le second ; mais la distinction de ces deux racines apparaît comme tout à fait secondaire, et, en tout cas, leurs éléments constitutifs essentiels sont bien identiques. En réalité, il ne faut voir là rien d'autre qu'une application de ce double sens des symboles auquel nous avons eu souvent l'occasion de faire allusion ; et cette application se rapporte plus particulièrement au symbolisme du serpent.

---

[1] Le mot est identique dans les deux cas, mais, chose assez curieuse, il est masculin dans le premier et féminin dans le second.

En effet, si le tigre ou le léopard est un symbole du *Set* égyptien, le serpent en est un autre[2], et cela se comprend sans peine, si on l'envisage sous l'aspect maléfique qui lui est le plus ordinairement attribué ; mais on oublie presque toujours que le serpent a aussi un aspect bénéfique, qui se trouve d'ailleurs également dans le symbolisme de l'ancienne Égypte, notamment sous la forme du serpent royal, « uraeus » ou basilic[3]. Même dans l'iconographie chrétienne, le serpent est parfois un symbole du Christ[4] ; et le *Sheth* biblique, dont nous avons signalé ailleurs le rôle dans la légende du Graal[5], est souvent regardé comme une « préfiguration » du Christ[6]. On peut dire que les deux *Sheth* ne sont pas autre chose, au fond, que les deux serpents du caducée hermétique[7] : c'est, si l'on veut, la vie et la mort, produites l'une et l'autre par un pouvoir unique en son essence, mais double dans sa manifestation[8].

Si nous nous arrêtons à cette interprétation en termes de vie et de mort, quoiqu'elle ne soit en somme qu'une application particulière de la considération de deux termes contraires ou antagonistes, c'est que le symbolisme du serpent est effectivement lié, avant tout, à l'idée même

---

[2] Il est assez remarquable que le nom grec *Typhon* soit anagrammatiquement formé des mêmes éléments que Python.

[3] Rappelons aussi le serpent figurant *Kneph*, et produisant l'« Œuf du Monde » par sa bouche (symbole du Verbe) ; on sait que celui-ci, pour les Druides, était pareillement l'« œuf de serpent » (représenté par l'oursin fossile).

[4] Dans *Le Roi du Monde*, ch. III, nous avons signalé à cet égard la figuration de l'« amphisbène » ou serpent à deux têtes, dont l'une représente le Christ et l'autre Satan.

[5] *Le Roi du Monde*, ch. V.

[6] Il est vraisemblable que les Gnostiques dits « Séthiens » ne différaient pas en réalité des « Ophites », pour qui le serpent (*ophis*) était le symbole du Verbe et de la Sagesse (*Sophia*).

[7] Il est assez curieux que le nom de Sheth, ramené à ses éléments essentiels S T dans l'alphabet latin (qui n'est qu'une forme de l'alphabet phénicien) donne la figure du « serpent d'airain ». À propos de ce dernier, signalons que c'est en réalité le même mot qui en hébreu signifie « serpent » (*nahash*) et « airain » ou « cuivre » (*nehash*) ; on trouve en arabe un autre rapprochement non moins étrange : *nahas* « calamité », et *nahâs* « cuivre ».

[8] On pourra, sur ce point, se reporter à l'article que nous avons consacré ici autrefois aux « pierres de foudre ».

de vie[9] : en arabe, le serpent est *el-hayyah*, et la vie *el-hayâh* (hébreu *hayah*, à la fois « vie » et « animal », de la racine *hayi* qui est commune aux deux langues[10]). Ceci, qui se rattache au symbolisme de l'« Arbre de Vie »[11], permet en même temps d'entrevoir un singulier rapport du serpent avec Ève (*Hawâ*, « la vivante ») ; et on peut rappeler ici les figurations médiévales de la « tentation » où le corps du serpent enroulé à l'arbre est surmonté d'un buste de femme[12]. Chose non moins étrange, dans le symbolisme chinois, *Fo-hi* et sa sœur *Niu-Koua*, qui sont dits avoir régné ensemble, formant un couple fraternel comme on en trouve également dans l'ancienne Égypte (et même jusqu'à l'époque des Ptolémées), sont parfois représentés avec un corps de serpent et une tête humaine ; et il arrive même que ces deux serpents sont enlacés comme ceux du caducée, faisant sans doute allusion alors au complémentarisme du *yang* et du *yin*[13]. Sans y insister davantage, ce qui risquerait de nous entraîner bien loin, nous pouvons voir en tout ceci l'indication que le serpent a eu, à des époques sans doute fort reculées, une importance qu'on ne soupçonne plus aujourd'hui ; et, si l'on étudiait de près tous les aspects de son symbolisme, notamment en Égypte et dans l'Inde, on pourrait être amené à des constatations assez inattendues.

À propos du double sens des symboles, il est à remarquer que le nombre 666, lui aussi, n'a pas une signification exclusivement maléfique ; s'il est le « nombre de la Bête », il est tout d'abord un nombre solaire, et, comme nous l'avons dit ailleurs[14], il est celui

---

[9] Ce sens est notamment évident pour le serpent qui s'enroule autour du bâton d'Esculape.

[10] *El-Hay* est un des principaux noms divins ; on doit le traduire, non par « le Vivant » comme on le fait souvent, mais par « le Vivifiant », celui qui donne la vie ou qui est le principe de la vie.

[11] Voir *Le Symbolisme de la Croix*, ch. XXV.

[12] On en trouve un exemple au portail gauche de Notre-Dame de Paris.

[13] Il est dit que *Niu-Koua* fondit des pierres des cinq couleurs (blanc, noir rouge, jaune, bleu) pour réparer une déchirure dans le ciel, et aussi qu'elle coupa les quatre pieds de la tortue pour y poser les quatre extrémités du monde.

[14] *Le Roi du Monde*, ch. V.

d'Hakathriel ou l'« Ange de la Couronne ». D'autre part, ce nombre est également donné par le nom de *Sorath*, qui est, suivant les Kabbalistes, le démon solaire, opposé comme tel à l'archange *Mikaël*, et ceci se rapporte aux deux faces de *Metraton*[15] ; *Sorath* est en outre l'anagramme de *sthur*, qui signifie « chose cachée » : est-ce là le « nom de mystère » dont parle l'Apocalypse ? Mais, si *sathar* signifie « cacher », il signifie aussi « protéger » ; et, en arabe, le même mot *satar* évoque presque uniquement l'idée de protection, et même souvent d'une protection divine et providentielle[16] ; là encore, les choses sont donc beaucoup moins simples que ne le croient ceux qui ne les voient que d'un seul côté.

Mais revenons aux animaux symboliques du *Set* égyptien : il y a encore le crocodile, ce qui s'explique de soi-même, et l'hippopotame, dans lequel certains ont voulu voir le *Behemoth* du Livre de Job, et peut-être non sans quelque raison, quoique ce mot (pluriel de *behemah*, en arabe *bahîmah*) soit proprement une désignation collective de tous les grands quadrupèdes[17]. Mais un autre animal qui a ici au moins autant d'importance que l'hippopotame, si étonnant que cela puisse sembler, c'est l'âne, et plus spécialement l'âne rouge[18], qui était représenté comme une des entités les plus redoutables parmi toutes celles que devait rencontrer le mort au cours de son voyage d'outre-tombe, ou, ce qui ésotériquement revient au même, l'initié au cours de ses épreuves ; ne serait-ce pas là, plus encore que l'hippopotame, la « bête écarlate »

---

[15] *Ibid.*, ch. III.

[16] Pourrait-on, sans trop de fantaisie linguistique, en rapprocher le grec *sôter*, « sauveur » ? Et faut-il dire à ce propos qu'il peut et qu'il doit même y avoir, entre les désignations du Christ (*El-Messîh*) et celles de l'Antéchrist (*El-Messîkh*), une singulière ressemblance ?

[17] La racine *baham* ou *abham* signifie « être muet », et aussi « être caché » ; si le sens général de *Behemoth* se rattache à la première de ces deux idées, la seconde peut évoquer plus spécialement l'animal « qui se cache sous les roseaux » ; et, ici, le rapprochement avec le sens de l'autre racine *sathar*, dont nous venons de parler, est encore assez curieux.

[18] Encore un étrange rapprochement linguistique : en arabe « âne » se dit *himar* (en hébreu *hemor*), et « rouge » *ahmar* ; l'« âne rouge » serait donc, comme le « serpent d'airain », une sorte de « pléonasme » en symbolisme phonétique.

de l'Apocalypse[19] ? En tout cas, un des aspects les plus ténébreux des mystères « typhoniens » était le culte du « dieu à la tête d'âne », auquel on sait que les premiers chrétiens furent parfois accusés faussement de se rattacher[20] ; nous avons quelques raisons de penser que, sous une forme ou sous une autre, il s'est continué jusqu'à nos jours, et certains affirment même qu'il doit durer jusqu'à la fin du cycle actuel.

De ce dernier point, nous voulons tirer au moins une conclusion : au déclin d'une civilisation, c'est le côté le plus inférieur de sa tradition qui persiste le plus longtemps, le côté « magique » particulièrement, qui contribue d'ailleurs, par les déviations auxquelles il donne lieu, à achever sa ruine ; c'est ce qui se serait passé, dit-on, pour l'Atlantide. C'est là aussi la seule chose dont les débris ont survécu pour les civilisations qui ont entièrement disparu ; la constatation est facile à faire pour l'Égypte, pour la Chaldée, pour le Druidisme même ; et sans doute le « fétichisme » des peuples nègres a-t-il une semblable origine. On pourrait dire que la sorcellerie est faite des vestiges des civilisations mortes ; est-ce pour cela que le serpent, aux époques les plus récentes, n'a presque plus gardé que sa signification maléfique, et que le dragon, antique symbole extrême-oriental du Verbe, n'éveille plus que des idées « diaboliques » dans l'esprit des modernes Occidentaux ?

Mesr, 23 rabî thâni 1350 H (Mûlid Seyidna El-Hussein).

---

[19] Dans l'Inde, l'âne est la monture symbolique de *Mudêvî*, aspect « infernal » de la *Shakti*.

[20] Le rôle de l'âne dans la tradition évangélique, à la naissance du Christ et à son entrée à Jérusalem, peut sembler en contradiction avec le caractère maléfique qui lui est attribué presque partout ailleurs ; et la « fête de l'âne » qui se célébrait au moyen âge ne paraît pas avoir été jamais expliquée d'une façon satisfaisante : nous nous garderons bien de risquer la moindre interprétation sur ce sujet fort obscur.

Quelques remarques sur le nom d'Adam

Publié dans le Voile d'Isis, *décembre 1931.*

Dans notre article sur la « place de la tradition atlantéenne dans le *Manvantara* » (no spécial d'août-septembre), nous avons dit que la signification littérale du nom d'*Adam* est « rouge », et qu'on peut voir là un des indices du rattachement de la tradition hébraïque à la tradition atlantéenne, qui fut celle de la race rouge. D'autre part, notre confrère Argos, dans son intéressante chronique sur « le sang et quelques-uns de ses mystères » (no d'octobre), envisage pour ce même nom d'*Adam* une dérivation qui peut sembler différente : après avoir rappelé l'interprétation habituelle suivant laquelle il signifierait « tiré de la terre » (*adamah*), il se demande s'il ne viendrait pas plutôt du mot *dam* « sang » ; mais la différence n'est guère qu'apparente, tous ces mots n'ayant en réalité qu'une seule et même racine.

Il convient de remarquer tout d'abord que, au point de vue linguistique, l'étymologie vulgaire, qui revient à faire dériver *Adam* de *adamah*, qu'on traduit par « terre », est impossible ; la dérivation inverse serait plus plausible ; mais, en fait, les deux substantifs proviennent l'un et l'autre d'une même racine verbale *adam*, qui signifie « être rouge ». *Adamah* n'est pas, originellement tout au moins, la terre en général (*erets*), ni l'élément terre (*iabashah*, mot dont le sens primitif indique la « sécheresse » comme qualité caractéristique de cet élément) ; c'est proprement l'argile rouge, qui, par ses propriétés plastiques, est particulièrement apte à représenter une certaine potentialité, une capacité de recevoir des formes ; et le travail du potier a souvent été pris pour symbole de la production des êtres manifestés à partir de la substance primordiale indifférenciée. C'est pour la même raison que la « terre rouge » paraît avoir une importance spéciale dans le symbolisme hermétique, où elle peut être prise pour une des figures de la « matière première », bien que, si l'on entendait au sens littéral, elle n'en puisse jouer le rôle que d'une façon très relative puisqu'elle est déjà douée de propriétés définies. Ajoutons que la parenté entre une désignation de la terre et le nom d'*Adam*, pris comme type de l'humanité, se retrouve sous une autre forme dans la langue latine, où le mot *humus*, « terre », est aussi singulièrement proche de *homo* et *humanus*. D'autre part, si l'on rapporte plus spécialement ce même nom d'*Adam* à la tradition de la race rouge, celle-ci est en correspondance avec la terre parmi les éléments, comme avec l'Occident parmi les points cardinaux, et cette dernière concordance vient encore justifier ce que nous avions dit précédemment.

Quant au mot *dam*, « sang » (qui est commun à l'hébreu et à l'arabe), il est, lui aussi, dérivé de la même racine *adam*[1] : le sang est proprement le liquide rouge, ce qui est, en effet, son caractère le plus immédiatement apparent. La parenté entre cette désignation du sang et le nom d'*Adam* est donc incontestable et s'explique d'elle-même par la dérivation d'une racine commune ; mais cette dérivation apparaît comme directe pour l'une et pour l'autre, et il n'est pas possible, à partir de la racine verbale *adam*, de passer par l'intermédiaire de *dam* pour arriver au nom d'*Adam*. On pourrait, il est vrai, envisager les choses d'une autre façon, moins strictement linguistique, et dire que c'est à cause de son sang que l'homme est appelé « rouge » ; mais une telle explication est peu satisfaisante parce que le fait d'avoir du sang n'est pas propre à l'homme, mais lui est commun avec les espèces animales, de sorte qu'il ne peut servir à le caractériser réellement. En fait, la couleur rouge est, dans le symbolisme hermétique, celle du règne animal, comme la couleur verte est celle du règne végétal, et la couleur blanche celle du règne minéral[2] ; et ceci, en ce qui concerne la couleur rouge, peut être rapporté précisément au sang considéré comme le

---

[1] L'*aleph* initial, qui existe dans la racine, disparaît dans le dérivé, ce qui n'est pas un fait exceptionnel ; cet *aleph* ne constitue nullement un préfixe ayant une signification indépendante comme le voudrait Latouche, dont les conceptions linguistiques sont trop souvent fantaisistes.

[2] Voir, sur le symbolisme de ces trois couleurs, notre étude sur *L'Ésotérisme de Dante*.

siège ou plutôt le support de la vitalité animale proprement dite. D'un autre côté, si l'on revient à la relation plus particulière du nom d'*Adam* avec la race rouge, celle-ci ne semble pas, malgré sa couleur, pouvoir être mise en rapport avec une prédominance du sang dans la constitution organique, car le tempérament sanguin correspond au feu parmi les éléments, et non à la terre ; et c'est la race noire qui est en correspondance avec l'élément feu, comme elle l'est avec le Sud parmi les points cardinaux.

Signalons encore, parmi les dérivés de la racine *adam*, le mot *edom*, qui signifie « roux », et qui ne diffère d'ailleurs du nom d'Adam que par les points-voyelles ; dans la Bible, *Edom* est un surnom d'Esaü, d'où le nom d'Edomites donné à ses descendants, et celui d'Idumée au pays qu'ils habitaient (et qui, en hébreu, est aussi *Edom*, mais au féminin). Ceci nous rappelle les « sept rois d'Edom » dont il est question dans le *Zohar*, et l'étroite ressemblance d'*Edom* avec *Adam* peut être une des raisons pour lesquelles ce nom est pris ici pour désigner les humanités disparues, c'est-à-dire celles des précédents *Manvantaras*[3]. On voit aussi le rapport que ce dernier point présente avec la question de ce qu'on a appelé les « préadamites » : si l'on prend *Adam* comme étant l'origine de la race rouge et de sa tradition particulière, il peut s'agir simplement des autres races qui ont précédé celle-là dans le cours du cycle humain actuel ; si on le prend, dans un sens plus étendu, comme le prototype de toute la présente humanité, il s'agira de ces humanités antérieures auxquelles font précisément allusion les « sept rois d'Edom ». Dans tous les cas, les discussions auxquelles cette question a donné lieu apparaissent comme assez vaines, car il ne devrait y avoir là aucune difficulté ; en fait, il n'y en a pas, tout au moins, pour la tradition islamique, dans laquelle il existe un *hadîth* (parole du Prophète) disant que, « *avant l'Adam que nous connaissons, Dieu créa cent mille Adam* » (c'est-à-dire un nombre indéterminé), ce qui est une affirmation aussi nette que possible de la multiplicité des périodes cycliques et des humanités correspondantes.

---

[3] Voir *Le Roi du Monde*, chap. VI, in fine.

Puisque nous avons fait allusion au sang comme support de la vitalité, nous rappellerons que, comme nous avons eu déjà l'occasion de l'expliquer dans un de nos ouvrages[4], le sang constitue effectivement l'un des liens de l'organisme corporel avec l'état subtil de l'être vivant, lequel est proprement l'« âme » (*nephesh haiah* de la Genèse), c'est-à-dire, au sens étymologique (*anima*), le principe animateur ou vivificateur de l'être. L'état subtil est appelé par la tradition hindoue *Taijasa*, par analogie avec *têjas* ou l'élément igné ; et, comme le feu est, quant à ses qualités propres, polarisé en lumière et chaleur, l'état subtil est lié à l'état corporel de deux façons différentes et complémentaires, par le sang quant à la qualité calorique, et par le système nerveux quant à la qualité lumineuse. En fait, le sang est, même au simple point de vue physiologique, le véhicule de la chaleur animatrice ; et ceci explique la correspondance, que nous indiquions plus haut, du tempérament sanguin avec l'élément feu. D'autre part, on peut dire que, dans le feu, la lumière représente l'aspect supérieur, et la chaleur l'aspect inférieur : la tradition islamique enseigne que les anges furent créés du « feu divin » (ou de la « lumière divine »), et que ceux qui se révoltèrent à la suite d'Iblis perdirent la luminosité de leur nature pour n'en garder qu'une chaleur obscure[5]. Par suite, on peut dire que le sang est en rapport direct avec le côté inférieur de l'état subtil ; et de là vient l'interdiction du sang comme nourriture, son absorption entraînant celle de ce qu'il y a de plus grossier dans la vitalité animale, et qui, s'assimilant et se mêlant intimement aux éléments psychiques de l'homme, peut effectivement amener de fort graves conséquences. De là aussi l'emploi fréquent du sang dans les pratiques de magie, voire de sorcellerie (comme attirant les entités « infernales » par conformité de nature) ; mais, d'autre part, ceci est aussi susceptible, dans certaines conditions, d'une transposition dans un ordre supérieur, d'où les rites, soit religieux, soit même initiatiques (comme le « taurobole » mithriaque), impliquant des sacrifices animaux ; comme il a été fait allusion, à cet égard, au sacrifice

---

[4] *L'Homme et son devenir selon le Vêdânta*, chap. XIV. Cf. aussi *L'Erreur spirite*, p. 116–119.

[5] Ceci se trouve indiqué dans le rapport qui existe, en arabe, entre les mots *nûr*, « lumière », et *nâr*, « feu » (au sens de chaleur).

d'Abel opposé à celui, non sanglant, de Caïn, nous reviendrons peut-être sur ce dernier point en une prochaine occasion.

Mesr, 26 jumâd thâni 1350 H.

La Terre du Soleil

Publié dans les Études Traditionnelles, *janvier 1936.*

Parmi les localités, souvent difficiles à identifier, qui jouent un rôle dans la légende du Saint Graal, certains attachent une importance toute spéciale à Glastonbury, qui serait le lieu où s'établit Joseph d'Arimathie après sa venue en Grande-Bretagne, et où l'on a voulu voir beaucoup d'autres choses encore, comme nous le dirons par la suite. Sans doute, il y a là des assimilations plus ou moins contestables, et dont certaines paraissent impliquer de véritables confusions ; mais il se peut cependant qu'il y ait, à ces confusions mêmes, quelques raisons qui ne soient pas dépourvues d'intérêt au point de vue de la « géographie sacrée » et des localisations successives de certains centres traditionnels. C'est ce que tendraient à indiquer les singulières découvertes exposées dans un ouvrage anonyme publié récemment[1], dont certains points appelleraient peut-être des réserves, par exemple en ce qui concerne l'interprétation de noms de lieux dont, plus vraisemblablement, l'origine est assez récente, mais dont la partie essentielle, avec les cartes qui l'appuient, pourrait difficilement être considérée comme purement fantaisiste[*].

---

[1] *A Guide to Glastonbury's Temple of the Stars, its giant effigies described from air views, maps, and from « The Hight History of the Holy Graal »* (John M. Watkins, London).

[*] [Voici une carte de ce zodiaque :

Glastonbury et la région avoisinante du Somerset auraient constitué, à une époque fort reculée et qui peut être dite « préhistorique », un immense « temple stellaire », déterminé par le tracé sur le sol d'effigies gigantesques représentant les constellations et disposées en une figure circulaire qui est comme une image de la voûte céleste projetée sur la surface de la terre. Il y aurait là un ensemble de travaux qui rappelleraient en somme ceux des anciens mound-builders de l'Amérique du Nord ; la disposition naturelle des rivières et des collines aurait d'ailleurs pu suggérer ce tracé, ce qui indiquerait que l'emplacement ne fut pas choisi arbitrairement, mais bien en vertu d'une certaine « prédétermination » ; il n'en est pas moins vrai qu'il fallut, pour compléter et parfaire le dessin, ce que l'auteur appelle « un art fondé sur les principes de la Géométrie »[2]. Si ces figures ont pu se conserver de façon à être encore reconnaissables de nos jours, c'est, suppose-t-on, que les moines de Glastonbury, jusqu'à l'époque de la Réforme, les entretinrent soigneusement, ce qui implique qu'ils devaient avoir gardé la connaissance de la tradition héritée de leurs lointains prédécesseurs, les druides, et sans doute d'autres encore avant ceux-ci, car, si les déductions tirées de la position des constellations représentées sont

]

[2] Cette expression est visiblement destinée à faire entendre que la tradition dont cet art relevait s'est continuée dans ce qui est devenu par la suite la tradition maçonnique.

exactes, l'origine de ces figures remonterait à près de trois mille ans avant l'ère chrétienne[3].

Dans son ensemble, la figure circulaire dont il s'agit est un immense Zodiaque, dans lequel l'auteur veut voir le prototype de la « Table ronde » ; et, en fait, celle-ci, autour de laquelle siègent douze personnages principaux, est bien réellement liée à une représentation du cycle zodiacal ; mais ceci ne veut point dire que ces personnages ne soient pas autre chose que les constellations, interprétation trop « naturaliste », car la vérité est que les constellations elles-mêmes ne sont que des symboles ; et il convient aussi de rappeler que cette constitution « zodiacale » se retrouve très généralement dans les centres spirituels correspondant à des formes traditionnelles diverses[4]. Aussi nous paraît-il bien douteux que toutes les histoires concernant les « Chevaliers de la Table ronde » et la « queste du Graal » puissent n'être rien de plus qu'une description « dramatisée », si l'on peut dire, des effigies stellaires de Glastonbury et de la topographie de la contrée ; mais qu'elles présentent une correspondance avec celles-ci, c'est là une chose d'autant moins invraisemblable qu'elle est, au fond, tout à fait conforme aux lois générales du symbolisme ; et il n'y aurait même pas lieu de s'étonner que cette correspondance puisse être assez précise pour se vérifier jusque dans les détails secondaires de la légende, ce que nous ne nous proposons d'ailleurs pas d'examiner ici.

Cela dit, il importe de remarquer que le Zodiaque de Glastonbury présente quelques particularités qui, à notre point de vue, pourraient être regardées comme des marques de son « authenticité » ; et, tout d'abord, il semble bien que le signe de la Balance en soit absent. Or,

---

[3] Il semblerait aussi, d'après divers indices, que les Templiers aient eu une certaine part dans cette conservation, ce qui serait conforme à leur connexion supposée avec les « Chevaliers de la Table ronde » et au rôle de « gardiens du Graal » qui leur est attribué. Il est d'ailleurs à remarquer que les établissements des Templiers paraissent avoir été situés fréquemment au voisinage de lieux où se trouvent des monuments mégalithiques ou d'autres vestiges préhistoriques, et peut-être faut-il voir là plus qu'une simple coïncidence.

[4] Voir *Le Roi du Monde*, ch. V.

comme nous l'avons expliqué ailleurs[5], la Balance céleste ne fut pas toujours zodiacale, mais elle fut d'abord polaire, ce nom ayant été appliqué primitivement soit à la Grande Ourse, soit à l'ensemble de la Grande Ourse et de la Petite Ourse, constellations au symbolisme desquelles, par une remarquable coïncidence, le nom d'*Arthur* se rattache directement. Il y aurait lieu d'admettre que cette figure, au centre de laquelle le Pôle est d'ailleurs marqué par une tête de serpent qui se réfère manifestement au « Dragon céleste »[6], doit être rapportée à une période antérieure au transfert de la Balance dans le Zodiaque ; et, d'autre part, ce qui est particulièrement important à considérer, le symbole de la Balance polaire est en rapport avec le nom de *Tula* donné originairement au centre hyperboréen de la tradition primordiale, centre dont le « temple stellaire » dont il s'agit fut sans doute une des images constituées, dans la suite des temps, comme sièges de pouvoirs spirituels émanés ou dérivés plus ou moins directement de cette même tradition[7].

En une autre occasion[8], nous avons mentionné, en connexion avec la désignation de la langue « adamique » comme la « langue syriaque », la Syrie primitive dont le nom signifie proprement la « terre solaire », et dont Homère parle comme d'une île située « au delà d'Ogygie », ce qui ne permet de l'identifier qu'à la *Thulé* ou *Tula* hyperboréenne ; et « là sont les révolutions du Soleil », expression énigmatique qui peut naturellement se rapporter au caractère « circumpolaire » de ces révolutions, mais qui, en même temps, peut aussi faire allusion à un tracé du cycle zodiacal sur cette terre elle-même, ce qui expliquerait

---

[5] *Ibid.*, ch. X.

[6] Cf. le *Sepher Ietsirah* : « Le Dragon est au milieu du ciel comme un roi sur son trône. » La « Sagesse du Serpent », à laquelle l'auteur fait allusion à ce propos, pourrait, en un certain sens, s'identifier ici à celle des sept *Rishis* polaires. Il est curieux aussi de noter que le dragon, chez les Celtes, est le symbole du chef, et qu'Arthur est fils d'*Uther Pendragon*.

[7] Ceci permet aussi de comprendre certains rapports remarqués par l'auteur entre ce symbolisme du Pôle et celui du « Paradis terrestre », notamment quant à la présence de l'arbre et du serpent ; en tout cela, c'est toujours de la figuration du centre primordial qu'il s'agit en effet, et les « trois points du triangle » sont aussi en relation avec ce symbolisme.

[8] Voir notre étude sur *La Science des lettres*.

qu'un semblable tracé ait été reproduit dans une région destinée à être une image de ce centre. Nous touchons ici à l'explication de ces confusions que nous signalions au début, car elles ont pu naître, d'une façon en quelque sorte normale, de l'assimilation de l'image au centre original ; et, notamment, il est bien difficile de voir autre chose qu'une confusion de ce genre dans l'identification de Glastonbury avec l'île d'Avalon[9]. En effet, une telle identification est incompatible avec le fait que cette île est toujours considérée comme un lieu inaccessible ; et, d'autre part, elle est aussi en contradiction avec l'opinion, beaucoup plus plausible, qui voit dans la même région du Somerset le « royaume de Logres », dont il est dit en effet qu'il était situé en Grande-Bretagne ; et il se peut que ce « royaume de Logres », qui aurait été regardé comme un territoire sacré, ait tiré son nom de celui du Lug celtique, qui évoque à la fois l'idée du « Verbe » et celle de la « Lumière ». Quant au nom d'*Avalon*, il est visiblement identique à celui d'*Ablun* ou *Belen*, c'est-à-dire de l'Apollon celtique et hyperboréen[10], de sorte que l'île d'Avalon n'est encore qu'une autre désignation de la « terre solaire », qui fut d'ailleurs transportée symboliquement du Nord à l'Ouest à une certaine époque, en correspondance avec un des principaux changements, survenus dans les formes traditionnelles au cours de notre *Manvantara*[11].

---

[9] On a voulu aussi y voir l'« île de verre », dont il est question dans certaines parties de la légende du Graal ; il est probable que, là encore, il s'agit d'une confusion avec quelque autre centre plus caché, ou, si l'on veut, plus éloigné dans l'espace et dans le temps, bien que cette désignation ne s'applique sans doute pas au centre primordial lui-même.

[10] On sait que le Mont-Saint-Michel était appelé anciennement Tombelaine, c'est-à-dire le *Tumulus* ou le mont de *Belen* (et non pas la « tombe d'Hélène » suivant une interprétation toute moderne et fantaisiste) ; la substitution du nom de l'archange solaire à celui de *Belen* ne change évidemment rien quant au sens ; et, chose curieuse, on trouve aussi « Saint Michaels Hill » dans la région correspondant à l'ancien « royaume de Logres ».

[11] Ce transport, comme celui du *sapta-riksha* de la Grande Ourse aux Pléiades, correspond notamment à un changement du point de départ de l'année, d'abord solsticial et ensuite équinoxial. La signification de « pomme » attachée au nom d'*Avalon*, sans doute secondairement, dans les langues celtiques, n'est nullement en opposition avec ce que nous venons de dire, car il s'agit alors des pommes d'or du « Jardin des Hespérides », c'est-à-dire des fruits solaires de l'« Arbre du Monde ».

Ces considérations nous amènent à d'autres constatations peut-être plus étranges encore : une idée apparemment inexplicable à première vue est celle de rapporter aux Phéniciens l'origine du Zodiaque de Glastonbury ; il est vrai qu'on a coutume d'attribuer à ce peuple beaucoup de choses plus ou moins hypothétiques, mais l'affirmation même de son existence à une époque aussi reculée nous paraît encore plus contestable. Seulement, ce qui est à remarquer, c'est que les Phéniciens habitaient la Syrie « historique » ; le nom du peuple aurait-il été l'objet du même transfert que celui du pays lui-même ? Ce qui donnerait tout au moins à le supposer, c'est sa connexion avec le symbolisme du Phénix ; en effet, d'après Josèphe, la capitale de la Syrie primitive était Héliopolis, la « Cité du Soleil », dont le nom fut donné plus tard à la ville égyptienne d'On ; et c'est à la première Héliopolis, et non pas à celle d'Égypte, que ce symbolisme cyclique du Phénix et de ses renaissances devrait être rapporté en réalité. Or, suivant Diodore de Sicile, un des fils d'*Hélios* ou du soleil, nommé *Actis*, fonda la ville d'Héliopolis ; et il se trouve que ce nom d'*Actis* existe comme nom de lieu au voisinage de Glastonbury, et dans des conditions qui le mettent précisément en rapport avec le Phénix, en lequel, selon d'autres rapprochements, ce « prince d'Héliopolis » lui-même aurait été transformé. Naturellement, l'auteur, trompé par les applications multiples et successives des mêmes noms, croit qu'il s'agit ici de l'Héliopolis d'Égypte, comme il croit pouvoir parler littéralement des Phéniciens « historiques », ce qui est en somme d'autant plus excusable que les anciens, à l'époque « classique », faisaient déjà assez souvent de pareilles confusions ; la connaissance de la véritable origine hyperboréenne des traditions, qu'il ne paraît pas soupçonner, peut seule permettre de rétablir le sens réel de toutes ces désignations.

Dans le Zodiaque de Glastonbury, le signe du Verseau est représenté, d'une façon assez imprévue, par un oiseau en lequel l'auteur pense avec raison reconnaître le Phénix, et qui porte un objet qui n'est autre que la « coupe d'immortalité », c'est-à-dire le Graal lui-même ; et le rapprochement qui est fait à cet égard avec le *Garuda* hindou est certainement très juste[12]. D'autre part, suivant la tradition arabe, le *Rukh* ou Phénix ne se pose jamais à terre en aucun autre lieu que la montagne de *Qâf*, qui est la « montagne polaire » ; et c'est de cette même « montagne polaire », désignée par d'autres noms, que, dans les traditions hindoue et perse, provient le *soma*, qui s'identifie à l'*amrita* ou à l'« ambroisie », breuvage ou nourriture d'immortalité[13].

Il y a aussi la figure d'un autre oiseau qui est plus difficile à interpréter exactement, et qui tient peut-être la place du signe de la Balance, mais dont la position est, en tout cas, beaucoup plus voisine du Pôle que du Zodiaque, puisqu'une de ses ailes correspond même aux étoiles de la Grande Ourse, ce qui, d'après ce que nous avons dit précédemment, ne pourrait en somme que confirmer cette supposition. Quant à la nature de cet oiseau, deux hypothèses sont envisagées : celle d'une colombe, qui pourrait en effet avoir quelque rapport avec le symbolisme du Graal, et celle d'une oie ou, dirions-nous plutôt, d'un cygne couvant l'« Œuf du Monde », c'est-à-dire d'un équivalent du *Hamsa* hindou ; à vrai dire, cette dernière nous paraît bien préférable, le symbole du cygne étant étroitement lié à l'Apollon hyperboréen, et même plus spécialement encore sous le rapport que nous avons considéré ici, puisque les Grecs faisaient de *Kyknos* le fils d'Apollon et d'*Hyria*, c'est-à-dire du Soleil et de la « terre solaire », car *Hyria* n'est qu'une autre forme de *Syria*, de sorte que c'est bien toujours de l'« île sacrée » qu'il s'agit, et qu'il serait assez étonnant que le cygne ne se rencontre pas dans sa représentation[14].

Il y aurait encore beaucoup d'autres points qui mériteraient assurément de retenir l'attention, comme, par exemple, le

---

[12] Voir notre étude sur *La Langue des Oiseaux*. – Le signe du Verseau est habituellement représenté par Ganymède, dont on connaît la relation avec l'« ambroisie » d'une part, et d'autre part avec l'aigle de Zeus, lui-même identique à *Garuda*.

[13] Voir Le Roi du Monde, ch. V et VI.

[14] Le rapprochement des deux figures de *Hamsa* et de *Garuda* est aussi très normal, puisqu'il arrive même qu'elles soient réunies en celle d'un seul oiseau en lequel il semble qu'il faille voir l'origine première de l'aigle héraldique à deux têtes, bien que celui-ci apparaisse plutôt comme un double *Garuda*, l'oiseau *Hamsa-Garuda* ayant naturellement une tête de cygne et une tête d'aigle.

rapprochement du nom de « Somerset » avec celui du « pays des Cimmériens » et avec différents noms de peuples dont la similitude, très probablement, indique beaucoup moins une parenté de race qu'une communauté de tradition ; mais cela nous entraînerait trop loin, et nous en avons dit assez pour montrer l'étendue d'un champ de recherches presque entièrement inexploré encore, et pour faire entrevoir les conséquences qu'on en pourrait tirer en ce qui concerne les liens des traditions diverses entre elles et leur filiation à partir de la tradition primordiale.

Quelques aspects
du symbolisme du poisson

Publié dans les Études Traditionnelles, *février 1936.*

Le symbolisme du poisson, qui se rencontre dans de nombreuses formes traditionnelles, y compris le christianisme, est fort complexe et présente de multiples aspects qui demandent à être distingués avec précision. Pour ce qui est des origines premières de ce symbole, il semble qu'il faille lui reconnaître une provenance nordique, voire même hyperboréenne ; on a signalé en effet sa présence en Allemagne du Nord et en Scandinavie[1], et, dans ces régions, il est vraisemblablement plus près de son point de départ que dans l'Asie centrale, où il fut sans doute apporté par le grand courant qui, issu directement de la Tradition primordiale, devait ensuite donner naissance aux doctrines de l'Inde et de la Perse. Il est d'ailleurs à noter que, d'une façon générale, certains animaux aquatiques jouent surtout un rôle dans le symbolisme des peuples du Nord : nous en citerons seulement comme exemple le poulpe, particulièrement répandu chez les Scandinaves et chez les Celtes, et qui se retrouve aussi dans la Grèce archaïque, comme un des principaux motifs de l'ornementation mycénienne[2].

Un autre fait qui vient encore à l'appui de ces considérations, c'est que, dans l'Inde, la manifestation sous la forme du poisson (*Matsya-*

---

[1] Cf. L. Charbonneau-Lassay, *Le Poisson*, dans *Regnabit*, numéro de décembre 1926.

[2] Les bras du poulpe sont généralement droits dans les figurations scandinaves, tandis qu'ils sont enroulés en spirale dans les ornements mycéniens ; dans ceux-ci, on voit aussi apparaître très fréquemment le *swastika* ou des figures qui en sont manifestement dérivées. Le symbole du poulpe se rapporte au signe zodiacal du Cancer, qui correspond au solstice d'été et au « fond des Eaux » ; il est facile de comprendre par-là qu'il ait pu être pris parfois dans un « sens maléfique », le solstice d'été étant la *Janua Inferni*.

avatâra) est regardée comme la première de toutes les manifestations de *Vishnu*[3], celle qui se place au début même du cycle actuel, et qu'elle est ainsi en relation immédiate avec le point de départ de la Tradition primordiale. Il ne faut pas oublier, à cet égard, que *Vishnu* représente le Principe divin envisagé spécialement sous son aspect de conservateur du monde ; ce rôle est bien proche de celui du « Sauveur », ou plutôt ce dernier en est comme un cas particulier ; et c'est véritablement comme « Sauveur » que *Vishnu* apparaît dans certaines de ses manifestations, correspondant à des phases critiques de l'histoire du monde[4]. Or, l'idée du « Sauveur » est également attachée de façon explicite au symbolisme chrétien du poisson, puisque la dernière lettre de l'*Ichthus* grec s'interprète comme l'initiale de *Sôter*[5] ; cela n'a rien d'étonnant, sans doute, lorsqu'il s'agit du Christ, mais il est pourtant des emblèmes qui font plus directement allusion à quelque autre de ses attributs, et qui n'expriment pas formellement ce rôle de « Sauveur ».

Sous la figure du poisson, *Vishnu*, à la fin du *Manvantara* qui précède le nôtre, apparaît à *Satyavrata*[6], qui va devenir, sous le nom de *Vaivaswata*[7], le *Manu* ou le Législateur du cycle actuel. Il lui annonce que le monde va être détruit par les eaux, et il lui ordonne de construire l'arche dans laquelle devront être renfermés les germes du monde

---

[3] Nous devons faire remarquer que nous ne disons pas « incarnations », comme on le fait habituellement en Occident, car ce mot est tout à fait inexact ; le sens propre du terme *avatâra* est « descente » du Principe divin dans le monde manifesté.

[4] Signalons aussi, à ce propos, que la dernière manifestation, le *Kalkin-avatâra*, « Celui qui est monté sur le cheval blanc », et qui doit venir à la fin de ce cycle, est décrite dans les *Purânas* en des termes rigoureusement identiques à ceux qui se trouvent dans l'Apocalypse, où ils sont rapportés à la « seconde venue » du Christ.

[5] Quand le poisson est pris comme symbole du Christ, son nom grec Ichthus est considéré comme formé par les initiales des mots *Iêsous Christos Theou Uios Sôter*.

[6] Ce nom signifie littéralement « voué à la Vérité » ; et cette idée de la « Vérité » se retrouve dans la désignation du *Satya-Yuga*, le premier des quatre âges en lesquels se divise le *Manvantara*. On peut aussi remarquer la similitude du mot *Satya* avec le nom de Saturne, considéré précisément dans l'antiquité occidentale comme le régent de l'« âge d'or » ; et, dans la tradition hindoue, la sphère de Saturne est appelée *Satya-Loka*.

[7] Issu de *Vivaswat*, l'un des douze *Âdityas*, qui sont regardés comme autant de formes du Soleil, en correspondance avec les douze signes du Zodiaque, et dont il est dit qu'ils doivent paraître simultanément à la fin du cycle (cf. *Le Roi du Monde*, ch. IV et XI).

futur ; puis, toujours sous cette même forme, il guide lui-même l'arche sur les eaux pendant le cataclysme ; et cette représentation de l'arche conduite par le poisson divin est d'autant plus remarquable qu'on en retrouve aussi l'équivalent dans le symbolisme chrétien[8].

Il y a encore, dans le *Matsya-avatâra*, un autre aspect qui doit retenir particulièrement notre attention : après le cataclysme, c'est-à-dire au début même du présent *Manvantara*, il apporte aux hommes le *Vêda*, qu'il faut entendre, suivant la signification étymologique de ce mot (dérivé de la racine *vid*, « savoir »), comme la Science par excellence ou la Connaissance sacrée dans son intégralité : c'est là une allusion des plus nettes à la Révélation primordiale, ou à l'origine « non humaine » de la Tradition. Il est dit que le *Vêda* subsiste perpétuellement, étant en soi-même antérieur à tous les mondes ; mais il est en quelque sorte caché ou enveloppé pendant les cataclysmes cosmiques qui séparent les différents cycles, et il doit ensuite être manifesté de nouveau. L'affirmation de la perpétuité du *Vêda* est d'ailleurs en relation directe avec la théorie cosmologique de la primordialité du son parmi les qualités sensibles (comme qualité propre de l'éther, *âkâsha*, qui est le premier des éléments)[9] ; et cette théorie n'est pas autre chose, au fond, que celle que d'autres traditions expriment en parlant de la création par le Verbe : le son primordial, c'est cette Parole divine par laquelle, suivant le premier chapitre de la Genèse hébraïque, toutes choses ont été faites[10]. C'est pourquoi il est dit que les *Rishis* ou les Sages des premiers âges ont « entendu » le *Vêda* : la Révélation, étant une œuvre du Verbe comme la création elle-même, est proprement une « audition » pour

---

[8] M Charbonneau-Lassay cite, dans l'étude mentionnée plus haut, « l'ornement pontifical décoré de figures brodées qui enveloppait les restes d'un évêque lombard du VIIIe ou IXe siècle, et sur lequel on voit une barque portée par le poisson, image du Christ soutenant son Église ». Or, l'arche a souvent été regardée comme une figure de l'Église, aussi bien que la barque (qui fut anciennement, avec les clefs, un des emblèmes de Janus ; cf. *Autorité spirituelle et pouvoir temporel*, ch. VIII) ; c'est donc bien la même idée que nous trouvons ainsi exprimée à la fois dans le symbolisme hindou et dans le symbolisme chrétien.

[9] Cf. notre étude sur La Théorie hindoue des cinq éléments, dans les *Études Traditionnelles* d'août-septembre 1935.

[10] Cf. également le début de l'Évangile de saint Jean.

celui qui la reçoit ; et le terme qui la désigne est celui de *Shruti*, qui signifie littéralement « ce qui est entendu »[11].

Pendant le cataclysme qui sépare ce *Manvantara* du précédent, le *Vêda* était renfermé à l'état d'enveloppement dans la conque (*shankha*), qui est un des principaux attributs de *Vishnu*. C'est que la conque est regardée comme contenant le son primordial et impérissable (*akshara*), c'est-à-dire le monosyllabe *Om*, qui est par excellence le nom du Verbe manifesté dans les trois mondes, en même temps qu'il est, par une autre correspondance de ses trois éléments ou *mâtrâs*, l'essence du triple *Vêda*[12]. D'ailleurs, ces trois éléments, ramenés à leurs formes géométriques essentielles et disposés graphiquement d'une certaine façon, forment le schéma même de la conque ; et, par une concordance assez singulière, il se trouve que ce schéma est également celui de l'oreille humaine, l'organe de l'audition, qui doit effectivement, pour être apte à la perception du son, avoir une disposition conforme à la nature de celui-ci. Tout ceci touche visiblement à quelques-uns des plus profonds mystères de la cosmologie ; mais qui, dans l'état d'esprit qui constitue la mentalité moderne, peut encore comprendre les vérités qui relèvent de cette science traditionnelle ?

Comme *Vishnu* dans l'Inde, et aussi sous la forme du poisson, l'*Oannès* chaldéen, que certains ont regardé expressément comme une figure du Christ[13], enseigne également aux hommes la doctrine primordiale : frappant exemple de l'unité qui existe entre les traditions en apparence les plus différentes, et qui demeurerait inexplicable si l'on n'admettait leur rattachement à une source commune. Il semble

---

[11] Sur la distinction de la *Shruti* et de la *Smriti* et sur leurs rapports, voir *L'Homme et son devenir selon le Vêdânta*, ch. I. Il doit être bien entendu que, si nous employons ici le mot de « révélation » au lieu de celui d'« inspiration », c'est pour mieux marquer la concordance des différents symbolismes traditionnels et que d'ailleurs, comme tous les termes théologiques, il est susceptible d'une transposition dépassant le sens spécifiquement religieux qu'on lui donne d'une façon exclusive en Occident.

[12] Sur la présence de ce même idéogramme *AVM* dans l'ancien symbolisme chrétien, cf. *Le Roi du Monde*, ch. IV.

[13] Il est intéressant de noter à cet égard que la tête de poisson, qui formait la coiffure des prêtres d'*Oannès*, est aussi la mitre des évêques chrétiens.

d'ailleurs que le symbolisme d'*Oannès* ou de *Dagon* n'est pas seulement celui du poisson en général, mais doit être rapproché plus spécialement de celui du dauphin ; celui-ci, chez les Grecs, était lié au culte d'*Apollon*[14] et avait donné son nom à *Delphes* ; et ce qui est très significatif, c'est qu'on reconnaissait formellement que ce culte venait des hyperboréens. Ce qui donne à penser qu'il y a lieu de faire un tel rapprochement (qui ne se trouve pas nettement indiqué, par contre, dans le cas de la manifestation de *Vishnu*), c'est surtout l'étroite connexion qui existe entre le symbole du dauphin et celui de la « Femme de mer » (l'*Aphrodite Anadyomène* des Grecs)[15] ; précisément, celle-ci se présente, sous des noms divers (notamment ceux d'*Istar*, d'*Atergatis* et de *Dercéto*), comme la parèdre d'*Oannès* ou de ses équivalents, c'est-à-dire comme figurant un aspect complémentaire du même principe (ce que la tradition hindoue appellerait sa *Shakti*)[16]. C'est la « Dame du Lotus » (*Istar*, comme *Esther* en hébreu, signifie « lotus », et aussi quelquefois « lis », deux fleurs qui, dans le symbolisme, se remplacent souvent l'une l'autre)[17], comme la *Kouan-yn* extrême-orientale, qui est également, sous une de ses formes, la « Déesse du fond des mers ».

Pour compléter ces remarques, nous ajouterons encore que la figure de l'*Ea* babylonien, le « Seigneur de l'Abîme », représenté comme

---

[14] C'est ce qui explique le rattachement du symbole du dauphin à l'idée de la lumière (cf. L. Charbonneau-Lassay, *Le Dauphin et le crustacé*, dans *Regnabit*, numéro de janvier 1927, et *Le Bestiaire du Christ*, ch. XCVIII, V). – Il convient de noter aussi le rôle de sauveteur des naufragés attribué par les anciens au dauphin, et dont la légende d'Arion offre un des exemples les plus connus.

[15] Il ne faut pas confondre cette « Femme de mer » avec la sirène, bien qu'elle soit quelquefois représentée sous une forme similaire.

[16] La *Dea Syra* est proprement la « Déesse solaire », de même que la Syrie primitive est la « Terre du Soleil », comme nous l'avons déjà expliqué, son nom étant identique à *Sûrya*, nom sanscrit du Soleil.

[17] En hébreu, les deux noms *Esther* et *Sushanah* ont la même signification, et, de plus, ils sont numériquement équivalents ; leur nombre commun est 661, et, en plaçant devant chacun d'eux la lettre *he*, signe de l'article défini, dont la valeur est 5, on obtient 666, ce dont certains n'ont pas manqué de tirer des déductions plus ou moins fantaisistes ; nous n'entendons, pour notre part, donner cette indication qu'à titre de simple curiosité.

un être moitié chèvre et moitié poisson[18], est identique à celle du Capricorne zodiacal, dont elle a peut-être même été le prototype ; or il est important de se rappeler, à cet égard, que ce signe du Capricorne correspond, dans le cycle annuel, au solstice d'hiver. Le *Makara*, qui, dans le Zodiaque hindou, tient la place du Capricorne, n'est pas sans présenter une certaine similitude avec le dauphin ; l'opposition symbolique qui existe entre celui-ci et le poulpe doit donc se ramener à celle des deux signes solsticiaux du Capricorne et du Cancer (ce dernier, dans l'Inde, est représenté par le crabe), ou de la *Janua Cœli* et de la *Janua Inferni*[19] ; et ceci explique aussi que ces deux mêmes animaux se soient trouvés associés dans certains cas, par exemple sous le trépied de Delphes et sous les pieds des coursiers du char solaire, comme indiquant les deux points extrêmes atteints par le Soleil dans sa marche annuelle. Il importe de ne pas commettre ici de confusion avec un autre signe zodiacal, celui des Poissons, dont le symbolisme est différent et doit être rapporté exclusivement à celui du poisson commun, envisagé notamment dans son rapport avec l'idée du « principe de vie » et de la « fécondité » (entendue surtout au sens spirituel, comme la « postérité » dans le langage traditionnel extrême-oriental) ; ce sont là d'autres aspects, qui peuvent d'ailleurs être rapportés également au Verbe, mais qui n'en doivent pas moins être distingués nettement de ceux qui le font apparaître, comme nous l'avons vu, sous ses deux attributs de « Révélateur » et de « Sauveur ».

---

[18] En outre, *Ea* tient devant lui, comme le scarabée égyptien, une boule qui représente l'« Œuf du Monde ». [Cf. la note 13 d'*À propos du Poisson*, publié dans *Regnabit*, février 1927.]

[19] Le rôle du dauphin comme conducteur des âmes bienheureuses vers les « îles Fortunées » se rapporte aussi évidemment à la *Janua Cœli*.

Le Sanglier et l'Ourse

Publié dans les Études Traditionnelles, *août-septembre 1936.*

Chez les Celtes, le sanglier et l'ours symbolisaient respectivement les représentants de l'autorité spirituelle et ceux du pouvoir temporel, c'est-à-dire les deux castes des druides et des chevaliers, équivalentes, au moins originairement et dans leurs attributions essentielles, à ce que sont dans l'Inde celles des Brâhmanes et des Kshatriyas. Comme nous l'avons indiqué ailleurs[1], ce symbolisme, d'origine nettement hyperboréenne, est une des marques du rattachement direct de la tradition celtique à la Tradition primordiale du présent *Manvantara*, quels que soient d'ailleurs les autres éléments, provenant de traditions antérieures, mais déjà secondaires et dérivées, qui aient pu venir s'adjoindre à ce courant principal et se résorber en quelque sorte en lui. Ce que nous voulons dire ici, c'est que la tradition celtique pourrait vraisemblablement être regardée comme constituant un des « points de jonction » de la tradition atlante avec la tradition hyperboréenne, après la fin de la période secondaire où cette tradition atlante représenta la forme prédominante et comme le « substitut » du centre originel déjà inaccessible à l'humanité ordinaire[2] ; et, sur ce point aussi, le même symbolisme que nous venons de mentionner peut apporter quelques indications qui ne sont pas sans intérêt.

Remarquons tout d'abord l'importance donnée également au symbole du sanglier par la tradition hindoue, elle-même issue

---

[1] *Autorité spirituelle et pouvoir temporel*, ch. I.

[2] Cf. *Le Roi du Monde*, ch. X, notamment en ce qui concerne les rapports de la *Tula* hyperboréenne et de la *Tula* atlante (*Tula* étant une des désignations premières des centres spirituels) ; voir aussi notre article *Atlantide et Hyperborée*, dans le *Voile d'Isis*, octobre 1929.

directement de la tradition primordiale, et affirmant expressément dans le *Vêda* sa propre origine hyperboréenne. Le sanglier (*varâha*) n'y figure pas seulement, comme on le sait, le troisième des dix *avatâras* de *Vishnu* dans le *Manvantara* actuel ; mais notre *Kalpa* tout entier, c'est-à-dire tout le cycle de manifestation de notre monde, y est désigné comme *Shwêta-varâha-Kalpa*, le « cycle du sanglier blanc ». Cela étant, et si l'on considère l'analogie qui existe nécessairement entre le grand cycle et les cycles subordonnés, il est naturel que la marque du *Kalpa*, si l'on peut s'exprimer ainsi, se retrouve au point de départ du *Manvantara* ; et c'est pourquoi la « terre sacrée » polaire, siège du centre spirituel primordial de ce *Manvantara*, est appelée aussi *Vârâhî* ou la « terre du sanglier »[3]. D'ailleurs, puisque c'est là que résidait l'autorité spirituelle première, dont toute autre autorité légitime du même ordre n'est qu'une émanation, il est non moins naturel que les représentants d'une telle autorité en aient reçu aussi le symbole du sanglier comme leur signe distinctif et l'aient gardé dans la suite des temps ; et c'est pourquoi les druides se désignaient eux-mêmes comme des « sangliers », bien que, le symbolisme ayant toujours des aspects multiples, on puisse en même temps y voir accessoirement une allusion à l'isolement dans lequel ils se tenaient à l'égard du monde extérieur, le sanglier étant toujours regardé comme le « solitaire » ; et il faut ajouter, du reste, que cet isolement même, réalisé matériellement, chez les Celtes comme chez les Hindous, sous la forme d'une retraite dans la forêt, n'est pas sans rapport avec les caractères de la « primordialité », dont un reflet au moins a toujours dû se maintenir en toute autorité spirituelle digne de la fonction qu'elle remplit.

Mais revenons au nom de *Vârâhî*, qui donne lieu à des remarques particulièrement importantes : elle est considérée comme un aspect de la *Shakti* de *Vishnu* (et plus spécialement par rapport à son troisième *avatâra*), ce qui, étant donné le caractère « solaire » de celui-ci, montre immédiatement son identité avec la « terre solaire » ou « Syrie »

---

[3] Voir encore à ce propos *Atlantide et Hyperborée* ; nous y avons fait remarquer que, contrairement à ce que semble avoir pensé Saint-Yves d'Alveydre, ce nom de *Vârâhî* ne s'applique aucunement à l'Europe ; à vrai dire, celle-ci ne fut jamais que la « Terre du Taureau », ce qui se réfère à une période fort éloignée des origines.

primitive dont nous avons parlé en d'autres occasions[4], et qui est encore une des désignations de la *Tula* hyperboréenne, c'est-à-dire du centre spirituel primordial. D'autre part, la racine *var*, pour le nom du sanglier, se retrouve dans les langues nordiques sous la forme *bor*[5] ; l'exact équivalent de *Vârâhî* est donc « Borée », et la vérité est que le nom habituel d'« Hyperborée » fut employé seulement par les Grecs à une époque où ils avaient déjà perdu le sens de cette antique désignation ; il vaudrait donc mieux, en dépit de l'usage qui a prévalu depuis lors, qualifier la tradition primordiale, non pas d'« hyperboréenne », mais simplement de « boréenne », affirmant par là sans équivoque sa connexion avec la « Borée » ou « terre du sanglier ».

Il y a encore autre chose : la racine var ou *vri*, en sanscrit, a les sens de « couvrir », de « protéger » et de « cacher » ; et, comme le montrent le nom de *Varuna* et son équivalent grec *Ouranos*, elle sert à désigner le ciel, tant parce qu'il couvre la terre que parce qu'il représente les mondes supérieurs, cachés aux sens[6]. Or, tout ceci s'applique parfaitement aux centres spirituels, soit parce qu'ils sont cachés aux yeux des profanes, soit parce qu'ils protègent le monde par leur influence invisible, soit enfin parce qu'ils sont, sur la terre, comme des images du monde céleste lui-même. Ajoutons que la même racine a encore un autre sens, celui de « choix » ou d'« élection » (*vara*), qui, évidemment, ne convient pas moins à la région qui est partout désignée par des noms comme ceux de « terre des élus », de « terre des saints » ou de « terre des bienheureux »[7].

On a pu noter, dans ce que nous avons dit tout à l'heure, l'union des deux symbolismes « polaire » et « solaire » ; mais, en ce qui concerne proprement le sanglier, c'est l'aspect « polaire » qui importe surtout ; et cela résulte d'ailleurs du fait que le sanglier représentait

---

[4] Voir *La Science des lettres*, et *La Terre du Soleil*.

[5] De là l'anglais *boar*, et aussi l'allemand *Eber*.

[6] Voir *Le Roi du Monde*, ch. VII, où nous avons indiqué en outre que le mot *cælum* lui-même a originairement la même signification.

[7] Signalons encore, à titre de rapprochement possible, la racine germanique *ur* ayant un sens de « primordialité ».

anciennement la constellation qui, plus tard, est devenue la Grande Ourse[8]. Il y a, dans cette substitution de noms, une des marques de ce que les Celtes symbolisaient précisément par la lutte du sanglier et de l'ours, c'est-à-dire la révolte des représentants du pouvoir temporel contre la suprématie de l'autorité spirituelle, avec les vicissitudes diverses qui s'ensuivirent au cours des époques historiques successives. Les premières manifestations de cette révolte, en effet, remontent beaucoup plus loin que l'histoire ordinairement connue, et même plus loin que le début du *Kali-Yuga*, dans lequel elle devait prendre sa plus grande extension ; c'est pourquoi le nom de *bor* a pu être transféré du sanglier à l'ours[9], et la « Borée » elle-même, la « terre du sanglier », a pu par suite devenir à un certain moment la « terre de l'ours », pendant une période de prédominance des Kshatriyas à laquelle, suivant la tradition hindoue, mit fin *Parashu-Râma*[10].

Dans cette même tradition hindoue, le nom le plus habituel de la Grande Ourse est *sapta-riksha* ; et le mot sanscrit *riksha* est le nom de l'ours, linguistiquement identique à celui qu'il porte dans différentes autres langues : le celtique *arth*, le grec *arktos*, et même le latin *ursus*. Cependant, on peut se demander si c'est bien là le sens premier de l'expression *sapta-riksha*, ou s'il n'y a pas eu plutôt, correspondant à la substitution dont nous venons de parler, une sorte de superposition de mots étymologiquement distincts, mais rapprochés et même identifiés par l'application d'un certain symbolisme phonétique. En effet, *riksha* est aussi, d'une façon générale, une étoile, c'est-à-dire en somme une « lumière » (*archis*, de la racine *arch* ou *ruch*, « briller » ou « illuminer ») ; et, d'autre part, le *sapta-riksha* est la demeure symbolique des sept *Rishis*, qui, outre que leur nom se rapporte à la « vision », donc à la lumière, sont aussi eux-mêmes les sept « Lumières », par lesquelles fut

---

[8] Nous rappellerons que cette constellation a eu encore beaucoup d'autres noms, entre autres celui de la Balance ; mais il serait hors de propos de nous en occuper présentement.

[9] En anglais *bear*, en allemand *Bâr*.

[10] Nous avons déjà eu l'occasion de signaler, à ce propos, que Fabre d'Olivet et ceux qui l'ont suivi, comme Saint-Yves d'Alveydre, paraissent avoir fait une assez étrange confusion entre *Parashu-Râma* et *Râma-Chandra*, c'est-à-dire entre les sixième et septième *avatâras* de *Vishnu*.

transmise au cycle actuel la Sagesse des cycles antérieurs[11]. Le rapprochement ainsi établi entre l'ours et la lumière ne constitue d'ailleurs pas un cas isolé dans le symbolisme animal, car on en rencontre un tout semblable pour le loup, tant chez les Celtes que chez les Grecs[12], d'où résulta son attribution au dieu solaire, Belen ou Apollon.

Dans une certaine période, le nom de *sapta-riksha* fut appliqué, non plus à la Grande Ourse, mais aux Pléiades, qui comprennent également sept étoiles ; ce transfert d'une constellation polaire à une constellation zodiacale correspond à un passage du symbolisme solsticial au symbolisme équinoxial, impliquant un changement dans le point de départ du cycle annuel, ainsi que dans l'ordre de prédominance des points cardinaux qui sont en relation avec les différentes phases de ce cycle[13]. Ce changement est ici celui du nord à l'ouest, qui se réfère à la période atlante ; et ceci se trouve confirmé nettement par le fait que, pour les Grecs, les Pléiades étaient filles d'Atlas et, comme telles, appelées aussi Atlantides. Les transferts de ce genre sont d'ailleurs souvent la cause de multiples confusions, les mêmes noms ayant reçu, suivant les périodes, des applications différentes, et cela aussi bien pour les régions terrestres que pour les constellations célestes, de sorte qu'il n'est pas toujours facile de déterminer à quoi elles se rapportent exactement dans chaque cas ; et que même cela n'est réellement possible qu'à la condition de rattacher leurs diverses « localisations » aux caractères propres des formes traditionnelles correspondantes, ainsi que nous venons de le faire pour celles du *sapta-riksha*.

---

[11] On remarquera la persistance de ces « sept Lumières » dans le symbolisme maçonnique : la présence d'un même nombre de personnes les représentant est nécessaire pour la constitution d'une loge « juste et parfaite », ainsi que pour la validité de la transmission initiatique. – Signalons aussi que les sept étoiles dont il est parlé au début de l'*Apocalypse* (I, 16 et 20) seraient, suivant certaines interprétations, celles de la Grande Ourse.

[12] En grec, le loup est *lukos* et la lumière *luké* ; de là l'épithète à double sens de l'Apollon Lycien.

[13] Le transfert de la Balance dans le Zodiaque a naturellement aussi une signification similaire.

Chez les Grecs, la révolte des Kshatriyas était figurée par la chasse du sanglier de Calydon, qui représente d'ailleurs manifestement une version dans laquelle les Kshatriyas eux-mêmes expriment leur prétention de s'attribuer une victoire définitive, puisque le sanglier y est tué par eux ; et Athénée rapporte, suivant des auteurs plus anciens, que ce sanglier de Calydon était blanc[14], ce qui l'identifie bien au *Shwêta-varâha* de la tradition hindoue[15]. Ce qui n'est pas moins significatif à notre point de vue, c'est que le premier coup fut porté par Atalante, qui, dit-on, avait été nourrie par une ourse ; et ce nom d'Atalante pourrait indiquer que la révolte eut son commencement, soit dans l'Atlantide même, soit tout au moins parmi les héritiers de sa tradition[16]. D'autre part, le nom de Calydon se retrouve exactement dans celui de *Caledonia*, ancien nom de l'Écosse : en dehors de toute question de « localisation » particulière, c'est proprement le pays des « Kaldes » ou Celtes[17] ; et la forêt de Calydon ne diffère pas en réalité de celle de Brocéliande, dont le nom est encore le même, quoique sous une forme un peu modifiée, et précédé du mot *bro* ou *bor*, c'est-à-dire du nom même du sanglier.

Le fait que l'ours est souvent pris symboliquement sous son aspect féminin, comme nous venons de le voir à propos d'Atalante, et comme on le voit aussi par les dénominations des constellations de la Grande Ourse et de la Petite Ourse, n'est pas sans signification non plus quant à son attribution à la caste guerrière, détentrice du pouvoir temporel, et cela pour plusieurs raisons. D'abord, cette caste a normalement un rôle « réceptif », c'est-à-dire féminin, vis-à-vis de la caste sacerdotale, puisque c'est de celle-ci qu'elle reçoit, non seulement l'enseignement de la doctrine traditionnelle, mais aussi la légitimation de son propre

---

[14] *Deipnosophistarum*, IX, 13.

[15] Il est à peine besoin de rappeler que le blanc est aussi la couleur attribuée symboliquement à l'autorité spirituelle ; et l'on sait que les druides, en particulier, portaient des vêtements blancs.

[16] Il y a encore d'autres rapprochements curieux à cet égard, notamment entre les pommes d'or dont il est question dans la légende d'Atalante et celles du jardin des Hespérides ou « filles de l'Occident », qui étaient aussi filles d'Atlas comme les Pléiades.

[17] Il est d'ailleurs probable que ce nom des Celtes, comme celui des Chaldéens qui lui est identique, n'était pas originairement celui d'un peuple particulier, mais celui d'une caste sacerdotale, exerçant l'autorité spirituelle chez différents peuples.

pouvoir, en laquelle consiste strictement le « droit divin ». Ensuite, lorsque cette même caste guerrière, renversant les rapports normaux de subordination, prétend à la suprématie, sa prédominance est généralement accompagnée de celle des éléments féminins dans le symbolisme de la forme traditionnelle modifiée par elle, et parfois même aussi, comme conséquence de cette modification, de l'institution d'une forme féminine de sacerdoce, comme le fut celle des druidesses chez les Celtes. Nous ne faisons qu'indiquer ici ce dernier point, dont le développement nous entraînerait trop loin, surtout si nous voulions rechercher ailleurs des exemples concordants ; mais du moins cette indication suffit-elle à faire comprendre pourquoi c'est l'ourse, plutôt que l'ours, qui est opposée symboliquement au sanglier.

Il convient d'ajouter que les deux symboles du sanglier et de l'ours n'apparaissent pas toujours forcément comme étant en opposition ou en lutte, mais que, dans certains cas, ils peuvent aussi représenter l'autorité spirituelle et le pouvoir temporel, ou les deux castes des druides et des chevaliers, dans leurs rapports normaux et harmoniques, comme on le voit notamment par la légende de Merlin et d'Arthur. En effet Merlin, le druide, est encore le sanglier de la forêt de Brocéliande (où il est d'ailleurs finalement, non pas tué comme le sanglier de Calydon, mais seulement endormi par une puissance féminine) ; et le roi Arthur porte un nom dérivé de celui de l'ours, *arth*[18] ; plus précisément, ce nom est identique à celui de l'étoile Arcturus, en tenant compte de la légère différence due à leurs dérivations respectivement celtique et grecque. Cette étoile se trouve dans la constellation du Bouvier, et, par ces noms, l'on peut encore voir réunies les marques de deux périodes différentes : le « gardien de l'Ourse » est devenu le Bouvier quand l'Ourse elle-même ou le *sapta-riksha* est devenu les *septem triones*, c'est-à-dire les « sept bœufs » (d'où l'appellation de « Septentrion » pour désigner le nord) ;

---

[18] On trouve aussi en Écosse, comme nom de famille, *Mac-Arth* ou « fils de l'ours », qui indique évidemment l'appartenance à un clan guerrier.

mais nous n'avons pas à nous occuper ici de ces transformations, relativement récentes par rapport à ce que nous envisageons[19].

Des considérations que nous venons d'exposer, une conclusion paraît se dégager quant au rôle respectif des deux courants qui contribuèrent à former la tradition celtique ; à l'origine, l'autorité spirituelle et le pouvoir temporel n'étaient pas séparés comme deux fonctions différenciées, mais unis dans leur principe commun, et l'on retrouve encore un vestige de cette union dans le nom même des druides (*dru-vid*, « force-sagesse », ces deux termes étant symbolisés par le chêne et le gui)[20] ; à ce titre, et aussi en tant que représentant plus particulièrement l'autorité spirituelle, à laquelle est réservée la partie supérieure de la doctrine, ils étaient les véritables héritiers de la tradition primordiale, et le symbole essentiellement « boréen », celui du sanglier, leur appartenait en propre. Quant aux chevaliers, ayant pour symbole l'ours (ou l'ourse d'Atalante), on peut penser que la partie de la tradition qui leur était plus spécialement destinée comportait surtout les éléments procédant de la tradition atlante ; et cette distinction pourrait même peut-être aider à expliquer certains points plus ou moins énigmatiques de l'histoire ultérieure des traditions occidentales.

---

[19] Arthur est le fils d'Uther Pendragon, le « chef des cinq », c'est-à-dire le roi suprême qui réside dans le cinquième royaume, celui de *Mide* ou du « milieu » situé au centre des quatre royaumes subordonnés qui correspondent aux quatre points cardinaux (voir *Le Roi du Monde*, ch. IX) ; et cette situation est comparable à celle du Dragon céleste lorsque, contenant l'étoile polaire, il était « au milieu du ciel comme un roi sur son trône », suivant l'expression du *Sepher Ietsirah*. Cf. *La Terre du Soleil*.

[20] Voir *Autorité spirituelle et pouvoir temporel*, ch. IV, où nous avons indiqué l'équivalence de ce symbolisme avec celui du Sphinx.

Quelques remarques sur
la doctrine des cycles cosmiques

Paru en anglais dans le Journal of Indian Society of Oriental Art,
numéro de juin-décembre 1937 dédié à A. K. Coomaraswamy,
à l'occasion de son soixantième anniversaire.
Paru en français dans les Études Traditionnelles *en octobre 1938.*

On nous a parfois demandé, à propos des allusions que nous avons été amené à faire çà et là à la doctrine hindoue des cycles cosmiques et à ses équivalents qui se rencontrent dans d'autres traditions, si nous ne pourrions en donner, sinon un exposé complet, tout au moins une vue d'ensemble suffisante pour en dégager les grandes lignes. À la vérité, il nous semble que c'est là une tâche à peu près impossible, non seulement parce que la question est fort complexe en elle-même, mais surtout à cause de l'extrême difficulté qu'il y a à exprimer ces choses en une langue européenne et de façon à les rendre intelligibles à la mentalité occidentale actuelle, qui n'a nullement l'habitude de ce genre de considérations. Tout ce qu'il est réellement possible de faire, à notre avis, c'est de chercher à éclaircir quelques points par des remarques telles que celles qui vont suivre, et qui ne peuvent en somme avoir d'autre prétention que d'apporter de simples suggestions sur le sens de la doctrine dont il s'agit, bien plutôt que d'expliquer celle-ci véritablement.

Nous devons considérer un cycle, dans l'acception la plus générale de ce terme, comme représentant le processus de développement d'un état quelconque de manifestation, ou, s'il s'agit de cycles mineurs, de quelqu'une des modalités plus ou moins restreintes et spécialisées de cet état. D'ailleurs, en vertu de la loi de correspondance qui relie toutes choses dans l'Existence universelle, il y a toujours et nécessairement une certaine analogie soit entre les différents cycles de même ordre, soit entre les cycles principaux et leurs divisions secondaires. C'est là ce qui permet d'employer, pour en parler, un seul et même mode d'expression, bien que celui-ci ne doive souvent être entendu que symboliquement, l'essence même de tout symbolisme étant précisément de se fonder sur les correspondances et les analogies qui existent réellement dans la nature des choses. Nous voulons surtout faire allusion ici à la forme « chronologique » sous laquelle se présente la doctrine des cycles : Le *Kalpa* représentant le développement total d'un monde, c'est-à-dire d'un état ou degré de l'Existence universelle, il est évident qu'on ne pourra parler littéralement de la durée d'un *Kalpa*, évaluée suivant une mesure de temps quelconque, que s'il s'agit de celui qui se rapporte à l'état dont le temps est une des conditions déterminantes, et qui constitue proprement notre monde. Partout ailleurs, cette considération de la durée et de la succession qu'elle implique ne pourra plus avoir qu'une valeur symbolique et devra être transposée analogiquement, la succession temporelle n'étant alors qu'une image de l'enchaînement, logique et ontologique à la fois, d'une série « extra-temporelle » de causes et d'effets ; mais, d'autre part, comme le langage humain ne peut exprimer directement d'autres conditions que celles de notre état, un tel symbolisme est par là même justifié et doit être regardé comme parfaitement naturel et normal.

Nous n'avons pas l'intention de nous occuper présentement des cycles les plus étendus, tels que les *Kalpas* ; nous nous bornerons à ceux qui se déroulent à l'intérieur de notre *Kalpa*, c'est-à-dire aux *Manvantaras* et à leurs subdivisions. À ce niveau, les cycles ont un caractère à la fois cosmique et historique, car ils concernent plus spécialement l'humanité terrestre, tout en étant en même temps étroitement liés aux évènements qui se produisent dans notre monde en dehors de celle-ci. Il n'y a là rien dont on doive s'étonner, car l'idée de considérer l'histoire humaine comme isolée en quelque sorte de tout le reste est exclusivement moderne et nettement opposée à ce qu'enseignent toutes les traditions, qui affirment au contraire unanimement une corrélation nécessaire et constante entre les deux ordres cosmique et humain.

Les *Manvantaras*, ou ères de *Manus* successifs, sont au nombre de quatorze, formant deux séries septénaires dont la première comprend les *Manvantaras* passés et celui où nous sommes présentement, et la seconde les *Manvantaras* futurs. Ces deux séries, dont l'une se rapporte ainsi au passé, avec le présent qui en est la résultante immédiate, et l'autre à l'avenir, peuvent être mises en correspondance avec celles des sept *Swargas* et des sept *Pâtâlas*, qui représentent l'ensemble des états respectivement supérieurs et inférieurs à l'état humain, si l'on se place au point de vue de la hiérarchie des degrés de l'Existence ou de la manifestation universelle, ou antérieurs et postérieurs par rapport à ce même état, si l'on se place au point de vue de l'enchaînement causal des cycles décrit symboliquement, comme toujours, sous l'analogie d'une succession temporelle. Ce dernier point de vue est évidemment celui qui importe le plus ici : il permet de voir, à l'intérieur de notre *Kalpa*, comme une image réduite de tout l'ensemble des cycles de la manifestation universelle, suivant la relation analogique que nous avons mentionnée précédemment, et, en ce sens, on pourrait dire que la succession des *Manvantaras* marque en quelque sorte un reflet des autres mondes dans le nôtre. On peut d'ailleurs remarquer encore, pour confirmer ce rapprochement, que les deux mots *Manu* et *Loka* sont employés l'un et l'autre comme désignations symboliques du nombre 14 ; parler à cet égard d'une simple « coïncidence » serait faire preuve d'une complète ignorance des raisons profondes qui sont inhérentes à tout symbolisme traditionnel.

Il y a lieu d'envisager encore une autre correspondance avec les *Manvantaras*, en ce qui concerne les sept *Dwîpas* ou « régions » en lesquelles est divisé notre monde ; en effet, bien que ceux-ci soient représentés, suivant le sens propre du mot qui les désigne, comme autant d'îles ou de continents répartis d'une certaine façon dans l'espace, il faut bien se garder de prendre ceci littéralement et de les regarder simplement comme des parties différentes de la terre actuelle ; en fait, ils « émergent » tour à tour et non simultanément, ce qui revient à dire qu'un seul d'entre eux est manifesté dans le domaine sensible pendant le cours d'une certaine période. Si cette période est un *Manvantara*, il faudra en conclure que chaque *Dwîpa* devra apparaître deux fois dans le *Kalpa*, soit une fois dans chacune des deux séries septénaires dont nous venons de parler ; et, du rapport de ces deux séries, qui se correspondent en sens inverse comme il en est dans tous les cas similaires, et en particulier pour celles des *Swargas* et des *Pâtâlas*, on peut déduire que l'ordre d'apparition des *Dwîpas* devra également, dans la seconde série, être inverse de ce qu'il a été dans la première. En somme, il s'agit là d'états différents du monde terrestre, bien plutôt que de « régions » à proprement parler ; le *Jambu-Dwîpa* représente en réalité la terre entière dans son état actuel, et, s'il est dit s'étendre au sud de *Mêru*, ou de la montagne « axiale » autour de laquelle s'effectuent les révolutions de notre monde, c'est qu'en effet, le *Mêru* étant identifié symboliquement au pôle Nord, toute la terre est bien véritablement située au sud par rapport à celui-ci. Pour expliquer ceci plus complètement, il faudrait pouvoir développer le symbolisme des directions de l'espace, suivant lesquelles sont répartis les *Dwîpas*, ainsi que les relations de correspondance qui existent entre ce symbolisme spatial et le symbolisme temporel sur lequel repose toute la doctrine des cycles ; mais, comme il ne nous est pas possible d'entrer ici dans ces considérations qui demanderaient à elles seules tout un volume, nous devons nous contenter de ces indications sommaires, que pourront d'ailleurs facilement compléter par eux-mêmes tous ceux qui ont déjà quelque connaissance de ce dont il s'agit.

Cette façon d'envisager les sept *Dwîpas* se trouve confirmée aussi par les données concordantes d'autres traditions dans lesquelles il est également parlé des « sept terres », notamment dans l'ésotérisme islamique et la Kabbale hébraïque : ainsi, dans cette dernière, ces « sept terres », tout en étant figurées extérieurement par autant de divisions de la terre de Chanaan, sont mises en rapport avec les règnes des « sept rois d'Edom », qui correspondent assez manifestement aux sept *Manus* de la première série ; et elles sont toutes comprises dans la « Terre des Vivants », qui représente le développement complet de notre monde, considéré comme réalisé de façon permanente dans son état principiel. Nous pouvons noter ici la coexistence de deux points de vue, l'un de succession, qui se réfère à la manifestation en elle-même, et l'autre de simultanéité, qui se réfère à son principe, ou à ce qu'on pourrait appeler son « archétype » ; et, au fond, la correspondance de ces deux points de vue équivaut d'une certaine façon à celle du symbolisme temporel et du symbolisme spatial, à laquelle nous venons précisément de faire allusion en ce qui concerne les *Dwîpas* de la tradition hindoue.

Dans l'ésotérisme islamique, les « sept terres » apparaissent, peut-être plus explicitement encore, comme autant de *tabaqât* ou « catégories » de l'existence terrestre, qui coexistent et s'interpénètrent en quelque sorte, mais dont une seule peut être actuellement atteinte par les sens, tandis que les autres sont à l'état latent et ne peuvent être perçues qu'exceptionnellement et dans certaines conditions spéciales ; et, ici encore, elles sont tour à tour manifestées extérieurement, dans les diverses périodes qui se succèdent au cours de la durée totale de ce monde. D'autre part, chacune des « sept terres » est régie par un *Qutb* ou « Pôle », qui correspond ainsi très nettement au *Manu* de la période pendant laquelle sa terre est manifestée ; et ces sept *Aqtâb* sont subordonnés au « Pôle » suprême, comme les différentes *Manus* le sont à l'*Adi-Manu* ou *Manu* primordial ; mais en outre, en raison de la coexistence des « sept terres », ils exercent aussi, sous un certain rapport, leurs fonctions d'une façon permanente et simultanée. Il est à peine besoin de faire remarquer que cette désignation de « Pôle » se rattache étroitement au symbolisme « polaire » du *Mêru* que nous avons mentionné tout à l'heure, le *Mêru* lui-même ayant d'ailleurs pour exact équivalent la montagne de *Qâf* dans la tradition islamique. Ajoutons encore que les sept « Pôles » terrestres sont considérés comme les reflets des sept « Pôles » célestes, qui président respectivement aux sept cieux planétaires ; et ceci évoque naturellement la correspondance avec les *Swargas* dans la doctrine hindoue, ce qui achève de montrer la parfaite concordance qui existe à ce sujet entre les deux traditions.

Nous envisagerons maintenant les divisions d'un *Manvantara*, c'est-à-dire les *Yugas*, qui sont au nombre de quatre ; et nous signalerons tout d'abord, sans y insister longuement, que cette division quaternaire d'un cycle est susceptible d'applications multiples, et qu'elle se retrouve en fait dans beaucoup de cycles d'ordre plus particulier : on peut citer comme exemples les quatre saisons de l'année, les quatre semaines du mois lunaire, les quatre âges de la vie humaine ; ici encore, il y a correspondance avec le symbolisme spatial, rapporté principalement en ce cas aux quatre points cardinaux. D'autre part, on a souvent remarqué l'équivalence manifeste des quatre *Yugas* avec les quatre âge d'or, d'argent, d'airain et de fer, tels qu'ils étaient connus de l'antiquité gréco-latine : de part et d'autre, chaque période est également marquée par une dégénérescence par rapport à celle qui l'a précédée ; et ceci, qui s'oppose directement à l'idée de « progrès » telle que le conçoivent les modernes, s'explique très simplement par le fait que tout développement cyclique, c'est-à-dire, en somme, tout processus de manifestation, impliquant nécessairement un éloignement graduel du principe, constitue bien véritablement, en effet, une « descente », ce qui est d'ailleurs aussi le sens réel de la « chute » dans la tradition judéo-chrétienne.

D'un *Yuga* à l'autre, la dégénérescence s'accompagne d'une décroissance de la durée, qui est d'ailleurs considérée comme influençant la longueur de la vie humaine ; et ce qui importe avant tout à cet égard, c'est le rapport qui existe entre les durées respectives de ces différentes périodes. Si la durée totale du *Manvantara* est représentée par 10, celle du *Krita-Yuga* ou *Satya-Yuga* le sera par 4, celle du *Trêtâ-Yuga* par 3, celle du *Dwâpara-Yuga* par 2, et celle du *Kali-Yuga* par 1 ; ces nombres sont aussi ceux des pieds du taureau symbolique de *Dharma* qui sont figurés comme reposant sur la terre pendant les mêmes périodes. La division du *Manvantara* s'effectue donc suivant la formule $10 = 4 + 3 + 2 + 1$, qui est, en sens inverse, celle de la *Tétraktys* pythagoricienne : $1 + 2 + 3 + 4 = 10$; cette dernière formule correspond à ce que le langage de l'hermétisme occidental appelle la « circulature du quadrant », et l'autre au problème inverse de la « quadrature du cercle », qui exprime précisément le rapport de la fin du cycle à son commencement, c'est-à-dire, l'intégration de son développement total ; il y a là tout un symbolisme à la fois arithmétique et géométrique que nous ne pouvons qu'indiquer encore en passant pour ne pas trop nous écarter de notre sujet principal.

Quant aux chiffres indiqués dans divers textes pour la durée du *Manvantara*, et par suite pour celle des *Yugas*, il doit être bien entendu qu'il ne faut nullement les regarder comme constituant une

« chronologie » au sens ordinaire de ce mot, nous voulons dire comme exprimant des nombres d'années devant être pris à la lettre ; c'est d'ailleurs pourquoi certaines variations apparentes dans ces données n'impliquent au fond aucune contradiction réelle. Ce qui est à considérer dans ces chiffres, d'une façon générale, c'est seulement le nombre 4 320, pour la raison que nous allons expliquer par la suite, et non point les zéros plus ou moins nombreux dont il est suivi, et qui peuvent même être surtout destinés à égarer ceux qui voudraient se livrer à certains calculs. Cette précaution peut sembler étrange à première vue, mais elle est cependant facile à expliquer : si la durée réelle du *Manvantara* était connue, et si en outre, son point de départ était déterminé avec exactitude, chacun pourrait sans difficulté en tirer des déductions permettant de prévoir certains événements futurs ; or, aucune tradition orthodoxe n'a jamais encouragé les recherches au moyen desquelles l'homme peut arriver à connaître l'avenir dans une mesure plus ou moins étendue, cette connaissance présentant pratiquement beaucoup plus d'inconvénients que d'avantages véritables. C'est pourquoi le point de départ et la durée du *Manvantara* ont toujours été dissimulés plus ou moins soigneusement, soit en ajoutant ou en retranchant un nombre déterminé d'années aux dates réelles, soit en multipliant ou divisant les durées des périodes cycliques de façon à conserver seulement leurs proportions exactes ; et nous ajouterons que certaines correspondances ont parfois aussi été interverties pour des motifs similaires.

Si la durée du *Manvantara* est 4 320, celles des quatre *Yugas* seront respectivement 1 728, 1 296, 864 et 432 ; mais par quel nombre faudra-t-il multiplier ceux-là pour obtenir l'expression de ces durées en années ? Il est facile de remarquer que tous les nombres cycliques sont en rapport direct avec la division géométrique du cercle : ainsi, 4 320 = 360 x 12 ; il n'y a d'ailleurs rien d'arbitraire ou de purement conventionnel dans cette division, car, pour des raisons relevant de la correspondance qui existe dans l'arithmétique et la géométrie, il est normal qu'elle s'effectue suivant des multiples de 3, 9, 12, tandis que la division décimale est celle qui convient proprement à la ligne droite. Cependant, cette observation, bien que vraiment fondamentale, ne permettrait pas d'aller très loin dans la détermination des périodes cycliques, si l'on ne savait, en outre, que la base principale de celles-ci, dans l'ordre cosmique, est la période astronomique de la précession des équinoxes, dont la durée est de 25 920 ans, de telle sorte que le déplacement des points équinoxiaux est d'un degré en 72 ans. Ce nombre 72 est précisément un sous-multiple de 4 320 = 72 x 60, et 4 320 est à son tour un sous-multiple de 25 920 = 4 320 x 6 ; le fait qu'on retrouve pour la précession des équinoxes les nombres liés à la division du cercle est d'ailleurs encore une preuve du caractère véritablement naturel de cette dernière ; mais la question qui se pose est maintenant celle-ci : quel multiple ou sous-multiple de la période astronomique dont il s'agit correspond réellement à la durée du *Manvantara* ?

La période qui apparaît le plus fréquemment dans différentes traditions, à vrai dire, est peut-être moins celle même de la précession des équinoxes que sa moitié : c'est, en effet, celle-ci qui correspond notamment à ce qu'était la « grande année » des Perses et des Grecs, évaluée souvent par approximation à 12 000 ou 13 000 ans, sa durée exacte étant de 12 960 ans. Étant donné l'importance toute particulière qui est ainsi attribuée à cette période, il est à présumer que le *Manvantara* devra comprendre un nombre entier de ces « grandes années » ; mais alors quel sera ce nombre ? À cet égard, nous trouvons tout au moins, ailleurs que dans la tradition hindoue, une indication précise, et qui semble assez plausible pour pouvoir cette fois être acceptée littéralement : chez les Chaldéens, la durée du règne de *Xisuthros*, qui est manifestement identique à *Vaivaswata*, le *Manu* de l'ère actuelle, est fixée à 64 800, soit exactement cinq « grandes années ». Remarquons incidemment que le nombre 5, étant celui des *bhûtas* ou éléments du monde sensible, doit nécessairement avoir une importance spéciale au point de vue cosmologique, ce qui tend à confirmer la réalité d'une telle évaluation : peut-être même y aurait-il lieu d'envisager une certaine corrélation entre les cinq *bhûtas* et les cinq « grandes années » successives dont il s'agit, d'autant plus que, en fait, on rencontre dans les traditions anciennes de l'Amérique centrale une association expresse des éléments avec certaines périodes cycliques ; mais c'est là une question qui demanderait à être examinée de plus près. Quoi qu'il en soit, si telle est bien la durée réelle du *Manvantara*, et si l'on continue à prendre pour base le nombre 4 320, qui est égal au tiers de la « grande année », c'est donc par 15 que ce nombre devra être multiplié. D'autre part, les cinq « grande année » seront naturellement réparties de façon inégale, mais suivant des rapports simples, dans les quatre *Yugas* : le *Krita-Yuga* en contiendra 2, le *Trêtâ-Yuga* 1 ½, le *Dwâpara-Yuga* 1, et le *Kali-Yuga* ½ ; ces nombres sont d'ailleurs, bien entendu la moitié de ceux que nous avions précédemment en représentant par 10 la durée du *Manvantara*. Évaluées en années ordinaires, ces mêmes durées des quatre *Yugas* seront respectivement de 25 920, 19 440, 12 960 et 6 480 ans, formant le total de 64 800 ans ; et l'on reconnaîtra que ces chiffres se tiennent au moins dans des limites parfaitement vraisemblables, pouvant fort bien correspondre à l'ancienneté réelle de la présente humanité terrestre.

Nous arrêterons là ces quelques considérations, car, pour ce qui est du point de départ de notre *Manvantara*, et, par conséquent, du point exact de son cours où nous en sommes actuellement, nous n'entendons pas nous risquer à essayer de les déterminer. Nous savons, pour toutes les données traditionnelles, que nous sommes depuis longtemps déjà dans le *Kali-Yuga* ; nous pouvons dire, sans aucune crainte d'erreur, que nous sommes même dans une phase avancée de celui-ci, phase dont les descriptions données dans les *Purânas* répondent d'ailleurs, de la façon la plus frappante, aux caractères de l'époque actuelle ; mais ne serait-il pas imprudent de vouloir préciser davantage, et, par surcroît, cela n'aboutirait-il pas inévitablement à ces sortes de prédictions auxquelles la doctrine traditionnelle a, non sans de graves raisons, opposé tant d'obstacles ?

Sur la signification
des fêtes « carnavalesques »

Publié dans les Études Traditionnelles, *décembre 1945.*

À propos d'une certaine « théorie de la fête » formulée par un sociologue, nous avons signalé[1] que cette théorie avait, entre autres défauts, celui de vouloir réduire toutes les fêtes à un seul type, qui constitue ce qu'on peut appeler les fêtes « carnavalesques », expression qui nous paraît assez claire pour être facilement comprise de tout le monde, puisque le Carnaval représente effectivement ce qui en subsiste encore aujourd'hui en Occident ; et nous disions alors qu'il se pose, au sujet de ce genre de fêtes, des questions qui méritent un examen plus approfondi. En effet, l'impression qui s'en dégage est toujours, et avant tout, une impression de « désordre » au sens le plus complet de ce mot ; comment donc se fait-il que l'on constate leur existence, non pas seulement à une époque comme la nôtre, où l'on pourrait en somme, si elles lui appartenaient en propre, les considérer tout simplement comme une des nombreuses manifestations du déséquilibre général, mais aussi, et même avec un bien plus grand développement, dans des civilisations traditionnelles avec lesquelles elles semblent incompatibles au premier abord ?

Il n'est pas inutile de citer ici quelques exemples précis, et nous mentionnerons tout d'abord, à cet égard, certaines fêtes d'un caractère vraiment étrange qui se célébraient au moyen-âge : la « fête de l'Âne », où cet animal, dont le symbolisme proprement « satanique » est bien

---

[1] Voir *Études Traditionnelles*, avril 1940, p. 169.

connu dans toutes les traditions[2], était introduit jusque dans le chœur même de l'église, où il occupait la place d'honneur et recevait les plus extraordinaires marques de vénération ; et la « fête des Fous », où le bas clergé se livrait aux pires inconvenances, parodiant à la fois la hiérarchie ecclésiastique et la liturgie elle-même[3]. Comment est-il possible d'expliquer que de pareilles choses, dont le caractère le plus évident est incontestablement un caractère de parodie et même de sacrilège[4], aient pu, à une époque comme celle-là, être non seulement tolérées, mais même admises en quelque sorte officiellement ?

Nous mentionnerons aussi les Saturnales des anciens Romains, dont le Carnaval moderne paraît d'ailleurs être dérivé directement, bien qu'il n'en soit plus, à vrai dire, qu'un vestige très amoindri : pendant ces fêtes, les esclaves commandaient aux maîtres et ceux-ci les servaient[5] ; on avait alors l'image d'un véritable « monde renversé », où tout se faisait au rebours de l'ordre normal[6]. Bien qu'on prétende communément qu'il y avait dans ces fêtes un rappel de l'« âge d'or », cette interprétation est manifestement fausse, car il ne s'agit pas là

---

[2] Ce serait une erreur que de vouloir opposer à ceci le rôle joué par l'âne dans la tradition évangélique, car, en réalité, le bœuf et l'âne, placés de part et d'autre de la crèche à la naissance du Christ, symbolisent respectivement l'ensemble des forces bénéfiques et celui des forces maléfiques ; ils se retrouvent d'ailleurs, à la crucifixion, sous la forme du bon et du mauvais larron. D'autre part, le Christ monté sur un âne, à son entrée à Jérusalem, représente le triomphe sur les forces maléfiques, triomphe dont la réalisation constitue proprement la « rédemption ».

[3] Ces « fous » portaient d'ailleurs une coiffure à longues oreilles, manifestement destinée à évoquer l'idée d'une tête d'âne, et ce trait n'est pas le moins significatif au point de vue où nous nous plaçons.

[4] L'auteur de la théorie à laquelle nous avons fait allusion reconnaît bien l'existence de cette parodie et de ce sacrilège, mais, les rapportant à sa conception de la « fête » en général, il prétend en faire des éléments caractéristiques du « sacré » lui-même, ce qui n'est pas seulement un paradoxe un peu fort, mais, il faut le dire nettement, une contradiction pure et simple.

[5] On rencontre même, en des pays très divers, des cas de fêtes du même genre où on allait jusqu'à conférer temporairement à un esclave ou à un criminel les insignes de la royauté, avec tout le pouvoir qu'ils comportent, quitte à le mettre à mort lorsque la fête était terminée.

[6] Le même auteur parle aussi, à ce propos, d'« actes à rebours » et même de « retour au chaos », ce qui contient au moins une part de vérité, mais, par une étonnante confusion d'idées, il veut assimiler ce chaos à l'« âge d'or ».

d'une sorte d'« égalité » qui pourrait à la rigueur être regardée comme représentant, dans la mesure où le permettent les conditions présentes[7], l'indifférenciation première des fonctions sociales ; il s'agit d'un renversement des rapports hiérarchiques, ce qui est tout à fait différent, et un tel renversement constitue, d'une façon générale, un des caractères les plus nets du « satanisme ». Il faut donc y voir bien plutôt quelque chose qui se rapporte à l'aspect « sinistre » de Saturne, aspect qui ne lui appartient certes pas en tant que dieu de l'« âge d'or », mais au contraire en tant qu'il n'est plus actuellement que le dieu déchu d'une période révolue[8].

On voit par ces exemples qu'il y a invariablement, dans les fêtes de ce genre, un élément « sinistre » et même « satanique », et ce qui est tout particulièrement à noter, c'est que c'est précisément cet élément même qui plaît au vulgaire et excite sa gaieté : c'est là, en effet, quelque chose qui est très propre, et plus même que quoi que ce soit d'autre, à donner satisfaction aux tendances de l'« homme déchu », en tant que ces tendances le poussent à développer surtout les possibilités les plus inférieures de son être. Or c'est justement en cela que réside la véritable raison d'être des fêtes en question : il s'agit en somme de « canaliser » en quelque sorte ces tendances et de les rendre aussi inoffensives qu'il se peut, en leur donnant l'occasion de se manifester, mais seulement pendant des périodes très brèves et dans des circonstances bien déterminées, et en assignant ainsi à cette manifestation des limites

---

[7] Nous voulons dire les conditions du *Kali-Yuga* ou de l'« âge de fer », dont l'époque romaine fait partie aussi bien que la nôtre.

[8] Que les anciens dieux deviennent d'une certaine façon des démons, c'est là un fait assez généralement constaté, et dont l'attitude des Chrétiens à l'égard des dieux du « paganisme » n'est qu'un simple cas particulier, mais qui semble n'avoir jamais été expliqué comme il conviendrait ; nous ne pouvons d'ailleurs insister ici sur ce point, qui nous entraînerait hors de notre sujet. Il est bien entendu que ceci, qui se réfère uniquement à certaines conditions cycliques, n'affecte ou ne modifie en rien le caractère essentiel de ces mêmes dieux en tant qu'ils symbolisent intemporellement des principes d'ordre supra-humain de sorte que, à côté de cet aspect maléfique accidentel, l'aspect bénéfique subsiste toujours malgré tout, et alors même qu'il est le plus complètement méconnu des « gens du dehors » ; l'interprétation astrologique de Saturne pourrait fournir un exemple très net à cet égard.

étroites qu'il ne lui est pas permis de dépasser[9]. S'il n'en était pas ainsi, ces mêmes tendances, faute de recevoir le minimum de satisfaction exigé par l'état actuel de l'humanité, risqueraient de faire explosion, si l'on peut dire[10], et d'étendre leurs effets à l'existence tout entière, collectivement aussi bien qu'individuellement, causant un désordre bien autrement grave que celui qui se produit seulement pendant quelques jours spécialement réservés à cette fin, et qui est d'ailleurs d'autant moins redoutable qu'il se trouve comme « régularisé » par là même, car, d'un côté, ces jours sont comme mis en dehors du cours normal des choses, de façon à n'exercer sur celui-ci aucune influence appréciable, et cependant, d'un autre côté, le fait qu'il n'y a là rien d'imprévu « normalise » en quelque sorte le désordre lui-même et l'intègre dans l'ordre total.

Outre cette explication générale, qui est parfaitement évidente quand on veut bien y réfléchir, il y a quelques remarques utiles à faire, en ce qui concerne plus particulièrement les « mascarades », qui jouent un rôle important dans le Carnaval proprement dit et dans d'autres fêtes plus ou moins similaires ; et ces remarques confirmeront encore ce que nous venons de dire. En effet, les masques de Carnaval sont généralement hideux et évoquent le plus souvent des formes animales ou démoniaques, de sorte qu'ils sont comme une sorte de « matérialisation » figurative de ces tendances inférieures, voire même « infernales », auxquelles il est alors permis de s'extérioriser. Du reste, chacun choisira tout naturellement parmi ces masques, sans même en avoir clairement conscience, celui qui lui convient le mieux, c'est-à-dire celui qui représente ce qui est le plus conforme à ses propres tendances de cet ordre, si bien qu'on pourrait dire que le masque, qui est censé cacher le véritable visage de l'individu, fait au contraire apparaître aux

---

[9] Ceci est en rapport avec la question de l'« encadrement » symbolique, sur laquelle nous nous proposons de revenir dans un prochain article [voir *Encadrements et labyrinthes*].

[10] À la fin du moyen âge, lorsque les fêtes grotesques dont nous avons parlé furent supprimées ou tombèrent en désuétude, il se produisit une expansion de la sorcellerie sans aucune proportion avec ce qu'on avait vu dans les siècles précédents ; ces deux faits ont entre eux un rapport assez direct, bien que généralement inaperçu, ce qui est d'ailleurs d'autant plus étonnant qu'il y a quelques ressemblances assez frappantes entre de telles fêtes et le Sabbat des sorciers, où tout se faisait aussi « à rebours ».

yeux de tous ce que celui-ci porte réellement en lui-même, mais qu'il doit habituellement dissimuler. Il est bon de noter, car cela en précise davantage encore le caractère, qu'il y a là comme une parodie du « retournement » qui, ainsi que nous l'avons expliqué ailleurs[11], se produit à un certain degré du développement initiatique ; parodie, disons-nous, et contrefaçon vraiment « satanique », car ici ce « retournement » est une extériorisation, non plus de la spiritualité, mais, tout au contraire, des possibilités inférieures de l'être[12].

Pour terminer cet aperçu, nous ajouterons que, si les fêtes de cette sorte vont en s'amoindrissant de plus en plus et ne semblent même plus éveiller qu'à peine l'intérêt de la foule, c'est que, dans une époque comme la nôtre, elles ont véritablement perdu leur raison d'être[13] : comment, en effet, pourrait-il être encore question de « circonscrire » le désordre et de l'enfermer dans des limites rigoureusement définies, alors qu'il est répandu partout et se manifeste constamment dans tous les domaines où s'exerce l'activité humaine ? Ainsi, la disparition presque complète de ces fêtes, dont on pourrait, si l'on s'en tenait aux apparences extérieures et à un point de vue simplement « esthétique », être tenté de se féliciter en raison de l'aspect de « laideur » qu'elles revêtent inévitablement, cette disparition, disons-nous, constitue au contraire, quand on va au fond des choses, un symptôme fort peu rassurant, puisqu'elle témoigne que le désordre a fait irruption dans tout le cours de l'existence et s'est généralisé à un tel

---

[11] Voir, dans les nos de juin 1939 et de janvier 1940, *L'Esprit est-il dans le corps ou le corps dans l'esprit ?*

[12] Il y avait aussi, dans certaines civilisations traditionnelles, des périodes spéciales où, pour des raisons analogues, on permettait aux « influences errantes » de se manifester librement, en prenant d'ailleurs toutes les précautions nécessaires en pareil cas ; ces influences correspondent naturellement, dans l'ordre cosmique, à ce qu'est le psychisme inférieur dans l'être humain, et par suite, entre leur manifestation et celle des influences spirituelles, il y a le même rapport inverse qu'entre les deux sortes d'extériorisation que nous venons de mentionner ; au surplus, dans ces conditions, il n'est pas difficile de comprendre que la mascarade elle-même semble figurer en quelque sorte une apparition de « larves » ou de spectres malfaisants.

[13] Cela revient à dire qu'elles ne sont plus, à proprement parler, que des « superstitions » au sens étymologique de ce mot.

point que nous vivons en réalité, pourrait-on dire, dans un sinistre
« Carnaval perpétuel ».

Table des matières

Lightning Source UK Ltd.
Milton Keynes UK
UKHW031558100222
398491UK00010B/399